KB209905

찐 = 고객에게 전하고 싶은 기업의 진짜 마음
찐 = 특정 브랜드를 좋아하는 고객의 진짜 마음

두 마음이 한 곳을 향할 때
고객과 함께 성장하는 강력한 브랜드가 된다.

습관은 실천할 때 완성됩니다.

좋은습관연구소가 제안하는 47번째 습관은 "찐 팬을 만드는 습관"입니다. 우리 브랜드와 제품을 좋아해주는 팬의 중요성은 더이상 설명하지 않아도 됩니다. 이 책에서는 이제 막 시작하는 작은 회사를 위해 가설과 추론이 바탕이 되는 시장 조사와 상품 기획 그리고 실행 기반의 커뮤니케이션 방안과 미디어 운영 등 브랜드의 찐팬을 확보하기 위한 A to Z를 시간순서대로 쉽게 따라 하도록 정리했습니다. 사업 초기에 잘 잡아둔 세팅은 시간과 비용을 절약하며, 빠르게 매출을 만들어 갑니다. 따라만 오십시오.

찐팬
만들기
A to Z

이제 막
시작하는
작은 회사를
위한

찐 팬을
만드는
습관

박선미 지음

좋은습관연구소

프롤로그

기자가 꿈이었다. 글쓰기를 좋아했고 사람들을 만나 이
야기 듣는 것을 좋아했다. 그래서 첫 사회생활을 월간지
기자로 시작했다. 하지만 무슨 일이든 상상하는 것과 직
접 해보는 것은 다르듯 아이템을 기획하고, 취재를 하고,
기사를 쓰고 발행하는 것까지는 즐거웠지만 마감이라는
압박에 시달리며 계속해서 이 일을 잘 해낼 수 있을지는
의문이었다.

  기자일을 그만두고 대기업(데이콤)에서 언론 홍보를
담당하게 됐다. 회사에서 만드는 서비스를 대외적으로

알리는 것으로 뉴스매체에 전달해야 하는 핵심적인 내용을 뽑고, 기자들에게 설명하는 일이었다. 내가 쓴 보도자료 내용이 기사화되고 방송 뉴스까지 나오는 걸 보면서 짜릿할 만큼 즐거웠다. 우리가 만든 서비스를 대외적으로 알리는 일은 생각보다 나의 머리와 심장을 동시에 뛰게 했다. 그렇게 시작한 일은 벤처 기업(네오위즈, 그래텍)을 거쳐 국내 최대 온라인 기업(네이버)까지, 15년 넘게 이어졌다. 일의 성격도 홍보에서 벗어나 마케팅 전략을 수립하고 실행하는 것으로까지 넓어졌다.

　오롯이 혼자 힘으로 커리어를 쌓은 것은 아니었다. 보고 따라 할 선배가 있었다. 큰 기업에 일하는 것이 좋은 이유는 급여나 복지 혜택 같은 것도 있지만 무엇보다 실력 좋은 선배로부터 일을 체계적으로 배울 수 있다는 점이다. 물론 선배 눈치도 봐야 하고, 조직 위계라는 것도 있는 만큼, 마냥 응석 부리듯 배울 수는 없다. 때로는 힘들어서 때려치우고 싶을 때도 있었다. 하지만 선배라는 존재가 있고 없고는 큰 차이다. 커리어가 많지 않을수록 좋은 선배가 있는 회사에 들어가서 그의 전문성을 빨리 내것으로 만드는 것이 중요하다. 어쩌면 이점이 좋은 회사 나쁜 회사를 가르는 기준이 되는 것인지도 모르겠다.

일할 때 가장 중요한 것은 뭘까? 맥락을 잡고, 무엇을 할지 생각하고, 생각한 것을 실제로 해내는 것이다. 결과적으로는 성과를 만드는 것으로 이때 여럿이 함께 한다는 것은 필요한 성과를 혼자 힘이 아닌 모두의 힘으로 만들어내는 것을 의미한다. 그런 만큼 더 큰 단위의 결과물 혹은 가치가 성과로 열매가 맺어져야 한다. 개인은 이 과정에서 햇볕을 쬐고 비 바람을 맞으며 같이 성장한다.

네오위즈와 네이버를 거치며 좋은 분들과 늘 함께 했다. 자신에 찬 나머지 일을 잘한다고 생각했던 적도 있었다. 하지만 지금 생각해보면, 모두 주변의 좋은 분들 덕분이었다. 네이버를 나오고 한동안 일을 놓고 있다가 다시 작은 비영리 단체에 들어가서 운영과 마케팅 일을 시작했다. 홈페이지도 만들고 SNS 홍보 채널도 새롭게 구축하고 오프라인으로 발행하던 매거진도 온라인으로 발행했다.

이곳에서 일하면서 아직 세상에는 마케팅과 커뮤니케이션(홍보 혹은 PR)을 모른 채 일하는 곳이 많다는 것을 알게 됐다. 그곳에서 마케팅 시스템을 하나씩 세팅하는 일은 재미있었다. 하지만 내부적으로 이를 설득하고 실행으로 옮기기까지는 매번 산 넘어 산이었다. 마케팅을 모르는 조직에서 마케팅의 필요성을 설명하고 허락을 받는다는 것은 엄청난 인내를 요하는 일이었다.

그렇게 1년 조금 넘는 시간을 그곳에 있으면서 내가 앞으로 해야 할 일이 무엇인지를 생각했다. 현실적으로 이곳을 나와 대기업 같은 곳으로 돌아가는 화려한 컴백을 기대할 수는 없었다. 무슨 임원 같은 걸 할 것도 아니었다. 경력 단절을 겪은 상태에서 40대 중반을 넘겨버린 나이 그리고 비영리 단체에서의 경험은 내가 앞으로 어떤 일을 해야 하는지 구체적으로 말해주고 있었다.

바로, 마케팅 시스템을 갖추고 있는 회사에 들어가서 일을 하는 것보다 이제 막 시작하는 스타트업 혹은 작은 회사들의 마케팅을 돕고 멘토링를 하는 것이었다. 선배로부터 받은 것을 또다시 필요로 하는 누군가에게 돌려주는 일, 그것이 앞으로 내가 해야 하는 일이다, 라는 생각이 들었다.

2021년 봄앤비라는 회사를 만들었다. 그리고 작은 회사들의 마케팅을 돕기 시작했다. 지금은 강의도 하고 컨설팅도 하고 글도 쓰고 있다. 글을 쓰면서 생각했다. '작은 회사에서 사수 없이 일하고 있는 주니어 마케터, 대표가 직접 마케팅까지 해야 하는 일인 회사나 작은 기업들, 이런 분들에게 도움이 되는 책을 쓰고 싶다.' 이 책은 그렇게 시작되었다.

작은 회사들은 자본이 많지 않다. 현금도 아껴야 하지만 시간도 아껴야 한다. 그러려면 시행착오를 최대한 줄여야 한다. 상품을 빨리 출시하는 것도 중요하지만, 그 이전에 어떤 "찐"(브랜드, 나아가 브랜드 컨셉)으로 만들지 정의하고, 고객과 제품을 연결하는 과정은 어떤 식으로 풀어갈지 미리 설계하는 것이 더 중요하다. 그러기 위해서는 나(우리 회사 혹은 우리 브랜드)를 잘 이해(정의)하고, 나를 좋아해 줄 한 사람이 누구인지를 찾고, 이들의 숫자를 늘려가는 것이 중요하다. 이때 나를 좋아해 주는 한 사람이 바로 "찐" 팬이다.

찐팬이 왜 중요한지는 굳이 설명하지 않아도 될 것 같다. 브랜드와 브랜딩이 강조되면서 브랜드를 사랑하는 팬의 중요성은 이미 많은 책에서 그리고 여러 전문가들이 이곳저곳에서 강조했다. 이 책에서는 좀 더 실용적으로 "찐팬을 만드는 과정"을 하나씩 안내하고자 한다.

작은 회사에서 선배 없이 끙끙대며 일하고 있을 누군가에게 도움이 될 수 있었으면 좋겠다. 20여 년 동안 여러 선배와 또 훌륭한 팀원과 함께 해냈던 것을 잘 모아 이제는 꼭 필요한 분들께 돌려주고 싶다.

마케팅을 전혀 모르는 분들도 쉽게 이해할 수 있도록 최대한 쉽게 썼다. 이 책을 펼쳐 든 (후배)분들에게 "진실하게" "찐"으로 도움이 되길 바란다.

우리 브랜드의 찐팬을 만드는 A to Z

가설과 추론의 단계

1. 우리의 찐(고객에게 전하고 싶은 진짜 마음)을 정의한다.
2. 이때의 찐은 우리 회사(브랜드)의 미션이며, 핵심가치 이며, 제품을 만든 이유다.
3. 찐을 고민했으면 이 내용을 글로 써본다.
4. 우리의 찐이 그만한 가치가 있고, 타사 대비 더 돋보일 수 있는지 시장 조사로 확인한다.

5. 가장 쉽게 할 수 있는 시장 조사가 검색이다. 기획하는 상품의 카테고리(나아가 키워드)부터 확인해본다.

6. 그런 다음, 우리가 속한 카테고리에서 가장 강력한 경쟁사가 누구인지 살펴본다. 이때 이들의 상품 소개 글이나 상세페이지 등을 보면서 내세우는 포인트가 어떤 것인지 확인한다.

7. 경쟁사를 확인했으면, 그들 대비 우리의 찐을 어떤 포인트나 특장점으로 설명할지 결정한다.

8. 찐을 정했으면, 우리의 찐을 찐으로 사랑해줄 고객의 페르소나를 정의한다.

9. 실제 페르소나에 해당하는 고객을 만나 그들의 진짜 욕구, 속마음을 듣는 FGI를 진행한다.

10. 우리의 찐과 우리의 찐을 사랑해줄 찐 고객까지 확인했다. 이제는 제품 설계를 해보자.

11. 단 한 사람의 타겟 고객을 만족시킬 수 있는 우리의 치트키(차별점)에 집중해서 MVP(시제품)를 만들고 시장 테스트를 진행한다.

12. 작은 회사는 치트키 하나만으로는 성공하기 어렵기 때문에, 제품 차별화보다는 경험 차별화에 집중한다.

13. 제품의 재료에서부터 고객이 사용하는 마지막 순간
    까지. 어느 포인트에 특별한 경험을 넣을지 고민한다.
14. 모든 준비는 끝났다. 이제부터는 실전이다.

실행의 단계

15. 고객에게 우리를 알릴 주요 커뮤니케이션 메시지 재
    료를 준비한다.
16. 제품이 주인공이 아닌 고객의 문제를 주인공으로 하
    는 스토리를 기획한다.
17. 장기적으로 우리 브랜드와 고객 사이에 어떤 관계가
    만들어지길 원하는지 브랜드 서사를 그려본다.
18. 브랜드 서사에는 창업자의 창업 비하인드 스토리가
    포함되기도 하고, 브랜드가 추구하는 궁극적인 가치
    가 포함되기도 한다.
19. 우리의 메시지와 서사를 고객에게 알릴 수 있는 온드
    미디어를 설계한다.
20. 온드미디어를 공식적인 톤으로 운영할지, 다소 비공

식적인 느낌으로 운영할지, 톤을 결정하고 거기에 맞춰 콘텐츠를 기획한다.

21. 요즘 유행하고 남들이 다 한다고 해서 특정 채널을 고집할 필요는 없다. 우리가 가장 잘할 수 있는 온드 미디어 채널을 선택하고 여기에 집중한다.

22. 온드 미디어의 모든 콘텐츠는 일관성있는 기획 아래 꾸준한 업데이트를 핵심으로 하고, 반드시 운영 성과를 확인한다.

23. 그리고 온드미디어 운영 외에 유료 광고 채널을 통해서도 브랜드 메시지를 담은 콘텐츠를 홍보한다.

24. 검색 광고도 빼놓을 수 없다. 대표 키워드와 세부 키워드를 함께 정해서 운영하고, 정기적으로 키워드 성과를 분석하여 광고를 수정한다.

25. 홈페이지 및 블로그 검색 최적화도 진행한다. 이때 검색 엔진 가이드를 확인하고 상위 노출이 가능한 콘텐츠를 기획한다.

26. 브랜드와 연결되고 관계가 생긴 고객들과는 커뮤니티를 만들어 조금은 더 사적인 그리고 더 친밀한 관계 맺기를 시도한다.

27. 커뮤니티 안에서 브랜드에 대한 경험을 고객이 차곡 차곡 할 수 있도록 다양한 활동을 기획한다.

28. 커뮤니티는 고객 주도형 또는 브랜드 주도형으로 만 들 수 있으며, 고객의 피드백이 자유롭게 오갈 수 있 는 분위기를 만드는 것이 중요하다.

29. 찐팬을 만들기 위해서는 앞서 얘기한 광고와 검색 최 적화와 커뮤니티 운영도 중요하고, 안으로는 경영진 부터 신입사원까지 찐의 마음을 지켜나갈 공동의 조 직 문화를 갖는 것도 중요하다.

30. 요즘은 이러한 찐팬을 만들기 과정에 생성형 AI를 이용할 수도 있다.

목차

1부. ─────────── **가설과 추론: 우리의 찐팬은 누구인가**

1. 찐팬이 필요한 이유 이해하기   22

2. 우리의 "찐" 정의하기   33

3. "찐"의 경쟁력 확인하기: 시장과 경쟁사 리서치   47

4. 찐팬 정의하기: 고객의 페르소나 만들기   59

5. 찐팬의 속마음 찾기: 욕구와 가치 연결하기   70

6. 찐팬에게 주어야 할 것: 우리의 핵심 치트키   85

7. 찐팬에게 주어야 할 것: 특별한 경험   92

2부. ──────────── 실행: 본격적으로 찐팬과 만나다

8. 끌리는 메시지 만들기: 고객을 끌어당기는 전략(1)   106

9. 메시지 통로가 되는 채널 정하기: 고객을 끌어당기는 전략(2)   125

10. 검색 광고와 검색 최적화하기: 고객을 끌어당기는 전략(3)   149

11. 팬과의 관계 다지기: 진정성 있는 소통과 커뮤니티 구축   163

12. 찐팬을 완성하는 조직문화 만들기   173

13. 생성형 AI를 활용해 찐팬 만들기   184

3부. ──────────── 찐팬과 열애중인 브랜드

14. 문제 해결을 위한 플랫폼, 그로우앤베터:

　　경험과 경험이 연결되어 성장을 낳는 플랫폼   206

15. 뷰티 계의 파타고니아, 율립:

　　클라우드 펀딩을 통한 고객과의 만남   217

16. 비건 팬들의 베이커리, 망넛이네:

　　대표가 직접 CS를 하며 찐팬과 소통   227

17. 스테이를 큐레이팅하는 플랫폼, 스테이폴리오:

　　이야기가 있는 매거진, 뉴스레터   236

1부

가설과 추론:
우리의 찐팬은 누구인가

1
찐팬이 필요한 이유 이해하기

'무'진장 '신'발 '사'진 많은 곳. 자체 디자인이 가능한 회사(브랜드)에 대한 전폭적인 지원(판매 및 유통)을 아끼지 않는 곳. 이 모두 무신사를 수식하는 말이다.

커뮤니티에서 출발한 무신사는 어떻게 백화점도 손잡고 싶어하는 쇼핑 플랫폼이 된 걸까? 프리챌 커뮤니티에서 출발해서 무신사닷컴을 열고 스트리트 패피(패션 피플)들의 사진인 '스트릿 스냅'을 올리던 것이 계기가 되어 지금의 무신사 스토어가 만들어졌다. 창업자 조만호 의장은 독립 패션 브랜드들의 어려움(Pain Point, 페인 포인트)을 해결하기 위해 직접 상품 홍보를 하게 된 것이 무신사 출발의 시작이었다고 말한다.*

처음 무신사를 접했을 때 웹 사이트가 뭔가 일반적인 쇼핑몰과 달라 인상적이었다. 그러다 탄생 스토리를 듣고서, 왜 이런 UI와 디자인을 갖게 되었는지 알게 되었다 (무신사는 최근 PC 대응의 웹사이트를 버리고 모바일에 최적화된 웹사이트만 운영 중이다).

무신사는 처음부터 유명 브랜드 제품 등을 사입해서(사들여서) 팔지 않았다. 그보다 디자인과 패션에 진심인 작은 회사를 찾아 무신사에 단독으로 입점하게끔 하고 마케팅을 지원했다. 이후 자연스레 작은 회사의 개성 있는 제품을 좋아하는 고객들이 무신사에 모여들었고, 우리가 스트릿 패션이라고 부르는 지금의 문화가 만들어졌다. 특히 10대와 20대들로부터 폭발적인 지지를 받았다.

처음 무엇인가를(사업이든 커뮤니티든) 시작할 때 우리만의 "찐"(브랜드, 나아가 브랜드 컨셉)을 만드는 것이 굉장

* "DBR case study 유니콘 기업 무신사의 성장전략", 〈DBR〉, (2021.9)

히 중요하다는 것은 무신사 외에도 다른 수많은 브랜드의 시작을 살펴보면 잘 알 수 있다. 자본의 힘만 믿고 분명한 자기 찐 없이 런칭했다 소리없이 사라진 브랜드는 무수히 많다(대기업에서 출발한 브랜드 중 이런 게 많다). 자기 색깔이 분명해야 고객 또한 이 브랜드에 관심을 가져야 할지 말지를 결정한다. 결국 이런 과정을 거쳐 팬이 된 고객은 찐팬이 되고 나아가 다른 고객까지도 끌어온다. 사실, 요즘은 이런 런칭 방식에 대해 의의를 제기하는 사람이 없을 정도로 사업하는 사람이라면 누구나 공식처럼 알고 있는 내용이다. 하지만 알고 있는 것과 실제로 하나씩 해보는 것은 무척 다르다. 해보지 않고서는 안다고 말할 수 없다.

처음부터 마케팅을 생각하기는 어려운 현실

창업을 하는 모든 대표는 꿈을 꾼다. 우리 회사가 3년 뒤 혹은 5년 뒤 로켓 성장을 하며, 또 몇 년 뒤에는 더 많은 사람이 아는 브랜드가 되어 있을 거라고. 그러나 창업을 한 번이라도 해본 분이라면 누구나 공감하듯, 시작하는 순간부터 '생각과는 많이 다르구나'라는 사실을 금방 깨닫게 된다.

처음부터 많은 투자를 받고서 느긋하게 창업하는 사람은 드물다. 투자를 받는 게 능력이라 부를 정도로 특별한 사업 모델이나 커리어가 화려한 팀원으로 구성되지 않는 이상, 대부분은 자기 자본으로 또는 아주 작은 투자를 받아서 시작한다. 한마디로 쌈짓돈을 모아서 제품을 만들고 서비스를 내놓는 게 현실이다.

이곳에서는 대표가 모든 것을 계획하고 실행하거나, 2~3명의 소수가 움직여서 무에서 유를 창조해 나간다. 그래서 초기에는 마케팅보다 이용자와 고객들에게 보여줄 수 있는 결과물(상품) 만들기에 온 힘을 쏟는다. 일단 매력적인 상품이 있어야 캐시(현금)가 생기고, 캐시가 있어야 그다음 생산도 가능하기 때문이다. 그러나 이런 굴레에 한번 빠지기 시작하면 생산과 판매에만 신경을 쓰고 정작 중요한 누구를 위한 제품, 누구를 위한 마케팅인지는 고민하지 못한 채 닥치는 대로 열심히만 하는 회사, 바쁘기만 한 대표가 된다.

큰 회사라는 울타리 안에 있을 때는 고객을 찾고 모으는 마케팅이 그리 어렵지 않았다. 회사 자금으로 마케팅 계획을 세우고 그것을 검증해 가면서 성과를 만들어 가면 된다. 후광 효과도 있는 만큼 성공한 제품에 이어서 출시하는 거라면, 적은 비용으로도 큰 효과를 얻을 수 있다. 하지만 작은 회사는 그런 기반 하나 없이 시작해야 한다.

어쩌면 결과물 만들기에 집중하는 것이 맞을지도 모른다. 일단 뭐라도 만들고 팔아야 돈이 벌리고 다음을 기약할 수 있기 때문이다. 한마디로 지속 가능성의 벽돌을 한 장씩 쌓을 수 있을 테니 말이다. 그렇지만 심적으로나 체력적으로 지칠 때가 반드시 온다. 그리고 비전 없이, 로드맵 없이 일하는 것을 언제까지 해야 하나, 혹은 할 수 있나 같은 두려움이 엄습하기도 한다.

불행히도 우리는 계란으로 바위 치기를 하는 심정으로 무슨 일이든 시도를 해야 하고 어떻게든 흔적이라도 남겨야 한다. 그래야 다음 고객을 위한 이정표를 만들 수 있다. 다만 좀 더 효과적이고 효율적인 방법은 분명 있다. 쉽게 얘기해 흔적을 남기되 아무 바위에나 흔적을 남기는 것이 아니라, 꼭 봐야 할 사람이 보도록 그 사람이 다니는 길목의 바위를 노리는 방법 말이다.

우리에게 어떤 찐이 있는가?

이 책을 읽는 분 중에서도 혼자서 끙끙대며 홍보 방안을 만드는 대표가 있을 거고, 동료 없이 모든 마케팅을 기획하고 실행하는 마케터도 있을 것이다. 주어진 비용은 당연히 넉넉할 수 없고 제한적이다. 과연 이 예산으로 뭘 할 수 있을까 싶기도 하다. 설령 자금이 충분해 미디어 노출량을 과감히 늘렸다고 해보자. 내가 올린 광고를 보고서 우리 제품을 구입하거나 우리 가게로 들어올 고객은 얼마나 될까? 그리고 그분들이 다시 재방문할 확률은? 안타깝지만 우리가 했던 광고도 하루 동안 수도 없이 보는 배너(광고)의 하나일 뿐이다. 그러니 고객 입장에서는 그게 그거 같고, 딱 돈값 정도만 하는 그저 그런 상품인것 같다.

그런데 그게 아니라 고객 분석을 거쳐 그들이 좋아할

만한 포인트를 차별점으로 잘 노출했으면 어땠을까? 분명 조금은 더 나았을 것 같다. 같은 돈을 쓰더라도 조금은 더 효과성을 발휘했을 것 같다. 누구나 아는 얘기다. 그런데 의외로 많은 회사들이(작은 회사일수록) 바쁘고 인원이 없다는 이유로 무작정 광고를 만들어서 무작정 송출하는 일을 반복한다(어떻게 분석하고 효과적인 노출을 집행해야 하는지도 모른다). 내가 컨설팅으로 만나본 작은 회사들 상당수는 고객에 대한 분석도, 시장에 대한 분석도 없이 그냥 제품 이름 하나를 알리는 데 돈을 쓴다. 그럴 수밖에 없는 사정을 이해 못 할 바는 아니지만, 계속해서 그렇게만 할 수는 없다(아마 이 책도 그런 문제 의식에서 집었을 것이리라).

통상 작은 회사를 만나 컨설팅을 할 때는 시작 전 여러 가지 질문을 한다. 현재 타겟 고객은 누구이며, 고객에게 주로 소구하는 메시지는 무엇이며, 타사 대비에서 차별화 포인트는 무엇인지, 현재 마케팅을 하면서 가장 문제라고 생각하는 것은 어떤 것인지 등이다. 하지만 눈 코 뜰 새 없이 일하는 회사일수록 제대로 답을 하지 못한다. 열심히는 하지만 전략적 고민을 제대로 해본 적이 없기 때문이다.

반복되는 얘기지만, 작은 회사는 당연히 자원이 넉넉하지 않다. 인원도 부족하고 돈도 부족하다. 하지만 그럴수록 내가 가진 것이 무엇인지 잘 살펴야 소중한 돈 한 푼을 요긴하게 쓸 수 있다. "우리는 무엇을 하려고 하는가?" "어떤 고객을 만나고 싶어하나?" "어떤 고객이 우리를 좋아할까?" "왜 고객들은 우리를 선택해야 하나?" 이런 질문을 계속 던지며 우리의 조준이 어디를 향해야 하는지 알아야 한다. 그런 다음 활시위를 당겨야 타겟을 정확히 맞출 수 있다. 이 과정이 우리가 "찐"을 정의하는 과정이며, 동시에 찐팬을 찾는 과정이다.

찐팬은 특별하다

찐팬이 많아져야 하는 이유는 우리가 가진 것을 좋아하고 알아봐 줄 고객의 증가가 사업의 성패를 좌우하는 큰 요인이 되기 때문이다. 흔히 찐팬을 두고 마케팅에서는 충성 고객이라고 많이 얘기하지만 찐팬과 충성 고객은 엄연히 다르다.

아이돌 그룹의 팬덤을 생각해보자. 아이돌을 지지하는 팬들은 단순히 좋아하는 것에 그치지 않고 어떻게 하면 자신이 좋아하는 스타에게 감동을 줄 수 있을까를 고민한다. 그리고 그것을 위해 돈을 쓴다. 이점이 차이점이다. 충성 고객은 돈을 내고 물건을 사서 그만큼의 효용 가치를 얻으면 그만이다. 그러면 그다음 제품도 큰 망설임 없이 구매한다. 하지만 아이돌 팬은 여기서 한발 더 나아가 제품의 실제 사용 목적을 뛰어넘는 소비를 한다. 아이돌 찐팬들 중에서는 같은 CD를 여러 장 사서 친구들에게 나눠주는 경우가 많다.

아이돌 팬뿐만이 아니다. 특정 제품이나 서비스(게임이나 기타) 혹은 오프라인 공간(가게 등)이 너무 좋아 모임을 만들고, 이곳에서 일어나는 모든 행사에 참여하는 팬들도 있다. 심지어 IT 서비스라면 버그를 잡는 일조차도 마다하지 않는다. 모두 제품이나 서비스의 본래 목적을 뛰어넘는 관심과 사랑을 보내는 행동이다. 이들은 제품을 사는 거 이상으로 자기 돈과 시간을 쓰면서 자신의 애정을 브랜드에 쏟는다.

지하철 역사 안이나 환승 구간 통로에서 스타의 생일 축하 광고도 자주 볼 수 있다. 좋아하는 스타의 스케줄을 체크해서 해외 일정이 있을 때 플랭카드를 들고 공항에서 기다리는 팬의 모습도 심심찮게 볼 수 있다. 좋아하는 브랜드의 초기 버전 제품부터 최신 버전까지 연도별로 출시된 상품을 모으는 팬도 있다. 무엇이 바뀌었고, 무엇이 더 좋아졌는지 브랜드의 역사를 위키로 만들어 정보를 업데이트하는 팬도 있다. 이 정도라면 담당자인 우리보다도 제품이나 서비스에 더한 애정과 관심을 두고 있다고 봐야 한다.

단순히 제품을 구매하는 것에서 그치지 않고, 브랜드의 가치를 지지하며 브랜드의 행보에 강력한 응원을 보내는 서포터즈, 이런 팬이 찐팬이다. 이들은 구매 경험을 하는 차원에서 한 발짝 더 나아가 브랜드의 자연스러운 바이럴을 일으키고 주변으로는 호감의 감정을 흘려보낸다.

내가 만드는 제품 혹은 서비스가 이들과 연결되어야 하고, 우리가 가진 어떤 특별함으로 팬을 만들어야 하는 이유를 더 이상 설명할 필요는 없다. 특히 초기 브랜드, 이제 막 사업을 시작한 브랜드라면 향후 연결되어야만 하는 고객을 생각하고 제품을 만들어야 한다. 여러 대중에게 다가가는 것보다 우리를 좋아해 줄 고객과 접점을 찾는 것이 더 중요하다. 찐팬은 이럴 때 탄생하고 브랜드는 이럴 때 성장한다.

지금 우리에게 찐팬이 필요한 이유는 한정된 자원 때문이다. 한정된 자원을 갖고서 고객을 확장해야 한다. 이들이 단골이 되고 나아가 우리가 얘기하는 가치에 공감하고 지지를 보내주는 찐팬이 된다면, 탄탄한 뿌리가 되어 브랜드의 성장을 돕고 다른 고객으로 확장되는 열매를 맺도록 도와준다. 팬은 우리와 함께 성장한다. 여러 고객이 아닌 우리 브랜드를 열렬히 사랑해주는 찐팬과의 만남을 준비하자.

2
우리의 "찐" 정의하기

찐팬을 만들기 위해서 가장 먼저 해야 할 일은 무엇일까? 우리 "찐"(브랜드 컨셉 혹은 브랜드 아이덴티티)에 대해서 정의하는 것부터다. 기업이라면 브랜드의 미션과 핵심 가치를 만들고, 조직 안에서 이를 논의하고 공유하는 일이다. 그런데 이런 작업을 불필요하고 어려운 일이라고 생각하는 분들이 의외로 많다. 어떻게 처음부터 모든 걸 계획적으로 시작할 수 있느냐고, 사업이란 하다 보면 바뀌기도 하고, 브랜드를 만들었다 지웠다 하기도 하고, 그런 것 아니냐고, 이렇게들 얘기하는 분들이다.

우연(혹은 운)이라는 요소에 의해서 자연스럽게 하다 보면 무언가 만들어지는 것도 있다. 하지만 방향이 정해지지 않은 채 무작정 달리는 것만이 능사는 아니다. 그랬다가는 나중에 '어라 여기가 아닌데' '내가 생각한 사업이 이런 게 아닌데' 이렇게 후회할 수도 있다.

필자 역시 직접 브랜드 마케팅 계획을 세울 때 또는 외부 고객사의 브랜드를 컨설팅 할 때, 늘 첫 번째로 묻는 것이 브랜드 정의다. 이것이 구체적이어야 팬을 만날 수 있고, 팬을 설득할 수 있기 때문이다.

"브랜드 정의?" 어렵게 생각할 필요는 없다. 처음부터 완벽하게 만들겠다는 욕심을 내려놓고, 앞으로 가야 할 길을 정리하고, 그 내용을 토대로 1년을 계획하면 된다. 어찌 보면 별거 아닌 것 같지만, 이것이 있고 없고는 큰 차이다. 특히 스타트업이나 막 시작하는 회사(브랜드)라면 이 포인트는 매우 결정적이다.

지난해 창업한 지 1년 미만의 어느 스타트업을 자문하면서 전체 조직원들과 함께 브랜드 워크숍을 진행한 적이 있다. 신규로 입사한 분은 물론이고, 기존 멤버들과도 함께 우리가 무엇을 위해 서비스를 만드는지 논의하는 자리였다. 그때 진행했던 내용을 간단하게 정리하면 다음과 같다. 독자들도 같이 따라해보면 좋을 것 같다.

브랜드 워크샵

첫 번째, 브랜드의 존재 이유를 다 같이 함께 써보았다. 3개의 조로 나누고, 각 조원의 이야기를 모아서 조별로 2개 이상의 브랜드 존재 이유를 써서 발표했다. 바로 브랜드 미션이다. 그 다음은 미션 달성을 위해 우리는 무엇이 되어야 하는지 구체적인 목표를 기술했다. 1년간 달성할 목표, 장기적으로 5년 내 달성할 목표를 적었다. 이때는 구체적인 수치나 고객의 행동 방향이 나와야 한다. "○○만 명 가입자 달성" "인지도 1위" 등이다.

　다음은 목표 달성에 필요한 우리 브랜드가 추구하는 핵심 가치를 키워드로 표현해 본다. 한두 가지 키워드가 아니라 열 가지 이상의 키워드다. 고객의 페인 포인트 등을 미리 리서치 해둔 자료가 있다면 키워드 뽑기가 쉬워진다.

뽑은 키워드를 기반으로 조별로 토론하고 비슷한 키워드는 묶어본다. 보통 다섯 가지 정도로 정리하면 된다. 그런 다음, 여기서 나온 키워드를 갖고서 문장 형태로 브랜드의 핵심 가치를 써본다. 이후 고객의 페르소나(일종의 타겟 고객 묘사)를 정의하고, 브랜드 스토리까지 만드는 것으로 워크샵을 마무리한다.

워크샵 이후 자문했던 회사로부터 기획부터 개발까지 앞으로 해야 할 일이 명확해졌다는 피드백을 받았다. 고객에게 서비스가 전달되기 이전에 우리가 무엇을 위해서 이 일을 하는지 명확히 알 수 있었고, 일에 대한 자부심을 구성원 모두가 다 같이 느낄 수 있었다는 피드백이었다.

방향성이 정해지고 구성원 모두가 그것을 향해 자신의 모드를 바꾸고 하나의 주파수로 에너지가 모일 때 회사는 펄떡 살아 움직인다. 그러면 중간에 회사가 어려운 일을 겪더라도 가야 할 길이 바뀌지 않은 채 위기를 돌파할 수 있다. 반대로 목표할 곳이 정해지지 않는다면 길이 자주 바뀌거나 흔들리고 결국에는 조직도 와해된다. 비전이나 미래가 보이지 않는다고 생각하면, 직원들은 보따리 사서 떠날 궁리만 한다.

제품과 서비스, 왜 만들었나?

본격적으로 찐(브랜드)을 정의하는 방법을 구체적으로 살펴보자. 설명하는 절차 그대로 따라한다면 결코 어려운 일이 아니다(워크샵에서 했던 내용을 좀 더 체계적으로 정리해 보았다).

가장 먼저, 제품을 만들고 서비스를 만드는 이유다. 지금 이 비즈니스를 왜 하는 것일까? 돈을 벌기 위해서일까? 어느 정도 맞는 말이지만 그것만 갖고서는 팬을 만들 수 없다.

필자가 봄앤비라는 회사를 통해서 비즈니스를 하는 이유는 '성장'이라는 키워드와 '돕는다'는 키워드를 연결해 고객의 사업을 더 크게 발전시키기 위해서다. 여기에 필자의 경험과 노하우를 일종의 공공재처럼 생각하고, 작은 기업과 함께 나누는 방법이 없을까를 생각했다.

프롤로그에서도 밝힌 것처럼 필자는 누구나 들으면

알만한 큰 규모의 IT 기업에서 일했다. 그곳에서 배운 마케팅과 기획 경험은 때로는 숲을 보게 하고 때로는 나무를 보게 했다. 그 결과, 이슈가 생길때마다 문제의 요인이 무엇인지 살피고 분석하는 것이 습관이 되었다. 그리고 논리적 사고를 하고, 의사결정의 순서를 알고, 데이터를 분석할 줄 알며, 전략을 세울 수 있는 힘을 갖게 됐다. 필자에게는 큰 자산이었다. 이런 경험이 있다 보니, 비즈니스를 처음 시작하는 분들은 보지 못하는 것을 필자는 볼 수 있었다. 자연스레 내 경험을 나누고 도움이 되는 일을 했으면 좋겠다고 생각했다. 일종의 컨설팅 같은 일이었다. 선배 눈에는 보이지만, 주니어 입장에서는 경험의 부족 때문에 보이지는 않는 어떤 것. 그것을 나누는 것이 봄앤비의 일이라 생각했다.

이처럼 브랜드를 정의할 때는 "왜 나는 이 일을 시작했는가?"라는 질문부터 해야한다. 찐은 거기에서부터 시작된다. 작은 가게라 할지라도 이 매장으로 무엇을 하고 싶은지, 돈을 버는 것 이전에 어떤 가치를 고객에 전하고 싶은지, 왜 전하고 싶은지를 생각해야 한다. 그것이 핵심이다.

우리 안에는 어떤 찐이 있는가?

환경 문제에 진심인 기업하면 떠오르는 브랜드가 있다. 바로 파타고니아다. 파타고니아는 원래 등산용품을 만들던 회사였다. 하지만 바위에 구멍을 내는 자사의 제품이 환경을 파괴한다고 생각하고는 의류를 만들기 시작했다. 그런데 의류 제작에도 탄소 배출이 많고 화학 소재가 사용된다는 것을 알고서는 직접 유기농 면을 생산해 제품을 만들었다. 고객에게 전달되는 서비스와 제품 이면의 사업 목적이 어떠해야 하는지 잘 보여주는 사례다.

최근 컨설팅을 하면서 알게 된 화장품 회사가 있다. 율립과 시타라는 회사로 이들은 화학 원료가 아닌 유기농 원료를 기반으로 화장품을 만들고, 담는 용기(플라스틱)가 생분해될 수 있게 별도의 연구 개발까지도 진행한다(율립에 대해서는 3부에서 좀 더 상세하게 다룬다). 이들은 대기업도 투자를 많이 받은 유니콘 기업도 아니다. 그럼에도 환경과 지구 나아가 다음 세대를 생각하는 자신들의 신념을 담은 제품을 만들고 판매한다. 보통 화장품을 환경과 연관 지어 생각하는 경우가 많지 않은데, 단순히 마케팅 문구만이 아닌 사업을 왜 해야 하는지, 자신들의 존재 이유 자체를 환경과 연결시켰다. 아직은 작은 규모의 회사지만 이들의 "찐"에 반응하는 고객이 점점 더 많아지고 있다.

유니콘이 된 당근마켓은 처음에는 판교 지역의 직장인을 위한 서비스였다. 당근마켓은 초기부터 이용자와 이용자의 '직접 연결'에 진심이었다. 지금까지도 이용자들끼리 만나 중고품을 거래하고 그 안에서 커뮤니티가 만들어지는 것에 진심이다. 당근은 중고거래 이용자들에게 따로 거래 수수료를 받지 않기 때문에 수익의 99%를 광고에서 거둔다. 이러한 수익 모델은 외부 투자자들로부터 끊임없는 비판의 대상이 된다. 2021년 기업가치 3조 원을 인정받긴 했지만, 줄곧 적자를 기록했다. 수익모델 다각화에 대한 요청도 많이 받았다.

당근마켓과 유사한 해외의 다른 지역 기반 서비스들은 자신이 모은 트래픽을 활용해 부동산이나 지역 판촉행사 등으로 서비스를 확장한다. 하지만 당근마켓은 아직까지는 이용자들로부터 돈 받을 생각이 없는 것 같다. 여전히 어떻게 하면 잘 연결할까, 어떻게 하면 편하게 연결할 수 있을까, 그것만 고민한다. 당근페이를 출시하기도 했지만, 역시 별도의 수수료가 없다. 이용자가 자신이 사는 곳 근처의 사람들과 커뮤니티를 만들 수 있도록 돕지만, 이를 위해 돈을 요구하거나 받지는 않는다. '연결'이라는 핵심 가치(왜 사업을 하는가)만 생각한다. 그런 와중에 2023년 처음으로(창업 8년 만에) 영업이익 173억 원으로 첫 흑자를 기록했다*.

잠시라도, 나는 왜 사업을 시작했으며 무엇에 진심인지 생각해보자. 내가 카페를 운영한다면 우리는 커피 원두에 진심인지, 커피를 내리는 방법에 진심인지, 디저트에 진심인지, 무엇에 진심을 쏟는지 생각해보자. 혹, "다 진심입니다"라고 말한다면 그건 거짓말이다. 내가 아무리 진실이라 외쳐도 사람들은 믿어주지 않는다. 진짜 딱 하나, "이것 하나 때문에 창업을 결심했다" "이것에 정말 진심입니다"라고 말해야 사람들은 믿어준다. 다 잘할 수 없기 때문에 우리는 가장 핵심이 되는 하나에 집중하고,

---

* 고은이 기자, 거래수수료 0원 당근마켓 8년만에 흑자냈다, 〈한국경제〉, (2024.3.29)

이를 잘 전달해야 한다.

우리의 찐 글로 써보기

앞서 우리는 왜 이 사업을 시작했는지, 무엇에 진심인지 그리고 무엇에 미쳐 있는지를 생각해보았다. 찐을 정의하는 다음 스텝은 이 내용을 직접 글로 써보는 것이다.

글은 생각을 정리하도록 도와준다. 처음부터 회사의 미션이나 비전처럼 단문으로 깔끔하게 한 번에 정리하기는 어렵다. 일단은 무엇을 만들고 싶은지부터 자유롭게 써보면 된다. "앱으로 만든 ○○○" "○○○을 위한 제품", 그런 다음 이것을 통해서 궁극적으로 이루고 싶은 것을 써본다. "○○○을 통해서 청소년들의 아픔을 치료한다" "모든 환자들이 정보의 비대칭에서 벗어나 자유롭게 질병에 대한 정보를 습득하도록 돕는다" 등이다. 이때 앞서 고민했던 '무엇을 위해서' '왜 이것을' 만드는 것인지 생각해본다면 좀 더 쓰기가 쉬워진다. 이렇게 쓴 글을 잘 다듬어서 한두 문장으로 깔끔하게 정리하면 그게 곧 우리 회사, 우리 브랜드의 미션과 비전이 된다. 한마디로 우리의 "찐"이다.

무신사는 패션 플랫폼이고 쇼핑몰이지만 그 안에는 "대한민국 패션업계의 상생 생태계 구축"이라는 중요한 가치를 갖고 있다. 오늘의집(인테리어 플랫폼)은 "좋은 공간이 인생을 바꾼다"는 믿음 아래 누구나 쉽고 편하게 자신의 공간을 바꾸고 더 나은 일상이 되도록 도와준다는 것을 자신의 미션으로 갖고 있다.

비전 워크샵 함께 하기

그리고 여건이 허락한다면 이 일을 혼자서 하기보다 동료들과 함께 하는 것이 좋다.

포스트잇에 우리가 왜 이 일을 시작했는지, 진정 무엇에 미쳐 있는지, 그것 때문이라면 돈도 마다할 수 있는지 적어본다. 그리고 우리가 궁극적으로 이루고자 하는 것은 무엇인지, 우리가 꿈꾸는 세상은 어떤 세상인지도 함께 써본다. 동료의 생각을 볼 수 있는 기회도 된다. 만약 문장으로 풀어 쓰는 것이 어려우면 키워드만 써도 된다.

스타트업이라면 이 과정만으로도 하나의 목표를 보는 효과를 얻을 수 있다. 3~4명씩 조를 나누고 신규 입사한 동료, 기존 동료 가릴 것 없이 머리를 맞대 찐을 정의해보는 과정은 매우 중요하다. 통상 필자가 마케팅 전략 수립을 위한 기업 워크샵에서 제일 먼저 하는 일이다. 앞에서도 워크샵을 시작할 때 가장 먼저 하는 일이라고 말했다. 아마도 일정 규모 이상의 기업에 있는 분들이라면 비전 워크샵이라고 해서 회사에서 한 번 정도는 해본 적 있을 것 같다.

꼭 몇 명 이상의 회사가 아니라 1인 기업가라도 혼자서 해볼 필요가 있다. 필자는 회사를 시작하기 전 혼자서 하는 워크샵을 통해 '성장' '도움' '지지' '헬퍼' 같은 단어들을 메모했다. 그런 다음 "내가 가진 것으로 남을 이롭게 한다" "남을 성장시킨다"는 문장을 뽑았다. 결과적으로 우리 회사는 "누군가(사람 혹은 회사/브랜드)의 가치를 발견하여 성장을 돕는다"라고 찐을 정의했다. 이렇게 만들어진 찐은 브랜드의 핵심가치가 된다. 핵심가치는 우리가 만들고 판매하는 제품이 바뀌더라도 변하지 않는다. 서비스는 리뉴얼이 되더라도 핵심은 바뀌지 않는 것과 같다. 한 번 정한 찐은 쉽사리 바꿔선 안 된다는 것이 원칙이다.

네이버 근무 시절 검색 광고 부문에서 영업과 마케팅을 담당했을 때 광고주(네이버의 광고 상품을 이용하는 회사들)를 대상으로 자주 했던 얘기가 "검색 광고를 광고비로 생각하고 비용으로 볼 수도 있지만, 직접 만나기 어려운 고객을 만날 수 있게 도와주는 메신저이자 간판 역할입니다"였다. 이러한 설명은 검색 엔진이라는 상품이 광고주(고객)에게 어떤 가치를 주는지 고객 입장에서 강조한 표현이었다.

지금 내가 만들고 있는 제품, 얼마 전에 시작한 사업은 무엇이며 왜 시작했는지 그리고 이 사업을 통해서 이루고자 하는 것은 무엇인지, 나아가 이 사업은 고객에게 무엇이며 어떤 의미를 주는지. 우리의 찐은 무엇이고, 왜 이 찐은 고객에게 찐한 공감과 감동을 만들 수밖에 없는지. 이를 한 문장으로 이야기할 수 있다면, 이미 찐을 찾은 것이나 다름없다.

"찐"은 고객과의 커뮤니케이션에서 매우 중요하다. 고객에게 우리의 존재를 알리는 핵심 연결 고리 역할을 한다. 우리의 찐을 고객이 받아들이고 이해해야, 나아가 사랑해야, 그들도 우리에게 찐의 마음을 보내온다. 하찮아 보이는 붕어빵 하나라도 의미를 담아서 만들고 있다면 우리의 찐이 될 수 있다. 우리 안의 찐을 잘 정의해보고 고객으로부터 찐한 동의와 지지를 얻을 수 있는지 생각해보자.

3
"찐"의 경쟁력 확인하기:
시장과 경쟁사 리서치

찐을 정의하는 과정에 대해 얘기했다. 그다음은 무엇을 해야 할까? 찐을 알아봐 줄 고객이 얼마나 있는지, 우리 제품이 속한 시장은 어떻게 되고 어떤 특징을 갖고 있으며 경쟁자는 누구인지, 이길 수 있는 전략은 무엇인지를 고민해야 한다.

작은 브랜드와 기업에게는 빠른 실행이 중요하다. 그러나 빠르게 실행한다고 시장과 경쟁사에 대해서 제대로 알아보지도 않고 우리 생각대로만 했다가는 낭패를 볼 게 뻔하다. 마케팅에서는 시장 세분화라고 얘기하지만, 복잡하게 세분화하지 않더라도 인터넷 검색만으로도 진입 시장의 정보를 찾을 수 있다. 지금부터는 시간과 비용을 아끼면서도 우리가 진입하게 될 시장과 주요 경쟁사를 분석하는 방법에 대해서 알아보자.

어떤 카테고리에 속하는가?

카테고리의 사전적 의미는 동일한 성질을 지니고 있는 부류 또는 범위를 일컫는다. 한마디로 비슷한 것들끼리 묶어서 분류해놓은 것이다. 대부분의 커머스 사이트는 상품을 카테고리 기반으로 분류하고 노출한다. 아마존에는 약 5만 개의 카테고리 분류가 있고, 네이버 쇼핑에도 약 5천 개의 카테고리가 있다.

고객들이 어떤 상품을 검색할 때, 해당 검색어가 상품명에 들어가 있는지 어떤 카테고리에 속해 있는지는 검색 결과(노출)에 중요하게 작용한다. 온라인을 통해 물건을 판매하는 커머스 때문이 아니더라도 고객이 어떤 경로와 키워드로 우리를 찾아올지 생각해보는 것은 무척 중요하다. 그리고 우리 제품을 두고 가장 최상위 카테고리부터 마지막 단계까지 어디에 속하게 되는지 분류 기준을 만들어 보는 것도 중요하다. 그렇게 하면 제품을 객관적으로 바라보게 되고 고객에게 소개하는 방식을 정하는 것에도 도움이 된다. 상품 개발을 할 때도 어느 카테고리에 속할지 먼저 결정하고서 디테일한 기획을 한다면 고객 접근성이 훨씬 높아진다.

좁쌀 여드름 패치를 판매하는 회사를 컨설팅했을 때다. 이 회사는 단순히 '화장품/미용 > 마스크/팩 > 마스크시트' 분류에서 판매를 하고 있었으나, 좁쌀 여드름 패치는 화장품 기능보다 의료 목적까지 커버하는 제품으로 '생활/건강 > 의료용품 > 구급/응급용'으로 분류하는 것이 더 나았다. 그 이유는 경쟁 제품의 숫자가 더 적고, 의료용품으로 분류될 정도로 효과성이 뛰어나다는 점을 강조할 수 있기 때문이다. 이처럼 상위 카테고리를 어떻게 분류하고 정의하느냐에 따라 경쟁사가 달라지고, 달라진 경쟁사에 맞춰 우리가 내세워야 할 차별점이나 특장점도 달라진다. 당연히 경쟁력도 어디에서 더 나은지 미리 살펴야 한다.

카테고리를 정하는 것은 제품의 정체성을 정의하는 것과 비슷하다. 카페에서 빵을 판매한다면 이곳은 카페일까, 베이커리일까? 커피와 음료를 판매하지만 주목적은 빵을 만들고 판매하는 곳이라면 이곳은 베이커리가 주요 카테고리가 되고 자신의 정체성이 된다. 영어 학원도 다 같은 영어 학원이 아니다. 시험 대비 수업을 중점적으로 하는 학원인지, 초등 대상인지 중고등 대상인지, 영역과 대상을 확실하게 해야 고객도 정확하게 찾아올 수 있다. 카테고리를 정의하는 것은 잠재 고객이 우리를 찾아오는 길목을 만드는 것과 같다.

검색으로 시장조사를 하는 법

카테고리 정하기, 어떻게 시작하면 합리적으로 잘할 수 있을까? 고객이 우리를 만나기까지의 과정을 거꾸로 따라가 본다고 가정해 보자. 고객은 우리를 만나기 전, 어떤 경로를 거치게 될까? 누군가가 콕 집어서 우리 제품 이름을 알려주지 않는 이상, 시작은 특정 카테고리의 주요 키워드부터 치고(검색) 들어올 가능성이 높다.

앞서 친환경 화장품을 제작 판매하는 곳의 컨설팅을 맡은 적이 있다고 했는데, 이곳을 예로 설명해보자. 제일 먼저 컨설팅 의뢰를 받으면 회사의 마케터라고 생각하고 회사의 브랜드명, 카테고리, 제품과 관련된 키워드부터 체크해본다. 일단 '친환경'이라는 키워드는 상위 카테고리에 속하는 것으로 다양한 상품을 포괄한다. 판매하는 제품의 핵심 속성은 '화장품'이기 때문에 제품의 속성을 가장 잘 나타내는 키워드로 '친환경 화장품'을 고객이 검색하는 첫 번째 키워드로 결정한다. 그리고 제품 케이스가 생분해되는 특징을 가지고 있기 때문에 '제로웨이스트 화장품'을 두 번째 키워드로 결정한다. 실제 컨설팅했던 회사는 온라인 상세페이지에 이 키워드를 사용하고 있었다. 이런 식으로 메인 키워드에서 세부 키워드까지 하나씩 파악해간다.

검색은 네이버보다는 구글에서 먼저 한다. 네이버가 한국에서는 검색 점유율이 1등이긴 하지만, 네이버 플랫폼 안에서 만들어진 콘텐츠를 위주로 검색 결과를 보여주기 때문에 전체 시장의 트렌드를 파악하기에는 부족한 측면이 있다. 다만, 소상공인이라면 네이버에서의 판매 매출이 절대적일 수 있기 때문에 이때는 네이버 검색을 통해서 정보 찾기를 해도 무방하다.

구글에서 제품 카테고리와 함께 메인 키워드부터 세부 키워드까지 검색하다 보면 최근 트렌드와 선도하는 브랜드 이름까지도 확인할 수 있다. '친환경 화장품'으로 검색했을 때, 맨 하단에 관련 검색어 제안으로 '친환경 화장품 브랜드' '비건 화장품' '제로웨이스트 화장품'같은 것이 나온다. 그리고 이를 한 번 더 클릭했을 때 나오는 브랜드들은 앞으로 주요 경쟁사로 생각해야 한다. 매출면에서 우리와 차이가 크다고 하더라도 메인이나 연관 키워드로 검색했을 때 그 브랜드로 연결될 가능성이 있기 때문이다. 반대로 이번에는 경쟁 브랜드를 검색해본다. 마찬가지로 경쟁 브랜드의 연관 검색어와 검색 결과를 확인하고 우리가 벤치마킹할만한 내용도 체크한다.

정리하면 검색 순서가 이렇다. 먼저, '카테고리 키워드 → 추가로 제안된 검색어 중 우리와 연관된 검색어 → 경쟁 브랜드 → 경쟁 브랜드와 연관된 키워드' 이런 순으로 검색을 이어가면 우리 고객의 구매 행동에 영향을 미치는 키워드를 정리할 수 있다. 앞의 화장품으로 얘기하면 순서가 이렇게 된다. '친환경 화장품 > 친환경 화장품 브랜드 > 비건 화장품, 제로웨이스트 화장품 > 아**** (경쟁브랜드), 닥*** (경쟁브랜드) > 아**** 비건 화장품, 아**** 제로 ****, 닥*** 비건 샴푸' 순이다. 여기에서 의미 있다고 생각하는 키워드는 반드시 별도로 메모해둔다. 그리고 경쟁사 상세페이지에 봤던 '지속가능한 뷰티' '리필 시스템' '고체 제품' '비건 & 크루얼티프리*' '제로웨이스트 실천' 등과 같은 키워드도 나중에 광고를 하거나, 상품 소개 글을(상세페이지) 쓸 때 활용한다.

구글 검색을 마친 후에는 네이버에서도 동일한 방식으로 검색해본다. 그러면 검색 결과 상단으로 검색 광고를 하고 있는 회사(브랜드, 제품)가 뜬다. 네이버에서는 이들 위주로 보고 정리하면 된다. 그리고 메인 카테고리의 키워드 이외에 확장된 키워드도 같이 검색해본다. 친환경 화장품 키워드로 검색을 하면 연관 검색어가 나오는

---

* Cruelty-Free, 제품 생산 및 공정 단계에서 동물실험을 하지 않음을 의미한다.

데, 그 키워드까지 검색하면 상단에 반복적으로 노출되는 브랜드를 볼 수 있다. 이런 방식으로 내가 진출하고자 하는 시장의 대표 키워드 10개 정도를 정해서 서치하게 되면 상위 5위 이내에 지속적으로 노출되는 브랜드를 볼 수 있다. 이 중 규모 등을 고려해서 경쟁사라 할 수 있는 곳을 확인한다. 그리고 우리 회사가 검색 광고를 하고 있다면, 우리가 지정한 키워드로 검색했을 때 함께 노출되는 브랜드도 경쟁사로 보면 된다.

이런 방식으로 우리와 비슷한 컨셉의 회사를 찾아보고 웹사이트나 쇼핑몰 등에 들어가서 상세페이지를 살펴보게 되면, 경쟁사의 마케팅 전략을 대략 파악할 수 있다. 그런 다음, 경쟁사는 고객과 소통할 때 어떤 키워드를 강조하고 제품의 어느 부분이 특징인지를 살펴보면 된다. 궁극적으로 경쟁사가 자신의 찐을 알리고자 하는 메시지와 우리가 어떤 차이가 있는지 혹은 유사한지를 확인해보는 것이다.

이 과정에서 경쟁사의 핵심 키워드나 메시지를 벤치마킹할 수도 있고, 경쟁사와 같은 키워드로 맞붙어야 하는지 아니면 피해서 돌아가야 하는지 등도 파악할 수 있다. 친환경, 유기농과 같은 키워드는 경쟁이 치열하다. 이런 카테고리 아래에는 아무래도 메이저 브랜드들이 상위에 포진할 확률이 높다. 이제 막 시작하는 회사가 처음부터 그런 키워드를 내세워 메이저 브랜드와 경쟁하는 것은 매우 어렵다. 이때는 조금 더 세부적인 키워드를 뽑아서 마케팅을 해야 잠재 고객들에게 우리 브랜드가 노출될 수 있다. 이런 판단을 검색을 통한 경쟁사 파악 과정에서 하나씩 전략적으로 결정할 수 있다.

그리고 이와 별개로 같은 키워드로 뉴스 검색을 해보면 소비 트렌드도 알 수 있다. 친환경 화장품을 구매할 때 화장품 용기를 본다든지, 성분에 대해서 유기농 인증을 체크한다든지 등으로 기사에서 언급한 내용 중 활용할 수 있거나 우리 제품과 연관성이 있는 기사라고 생각하면 별도로 클리핑 해둔다. 소비자 트렌드 또한 우리 브랜드 마케팅 메시지를 만들 때 중요한 포인트 문구가 될 수 있기에 이런 부분도 잘 모아둔다.

검색어 점검을 한 번도 해보지 않고 경쟁사의 상황도 한 번도 살펴보지 않은 채 느낌만으로, 그동안 알고 있던 경험만으로 판매를 시작하고 광고를 하는 곳이 생각보다 많다. 당연히 이들은 광고 효과가 없었다고 얘기한다. 하지만 이는 틀린 사실이 될 수 있다는 것을 명심해야 한다.

경쟁사 분석

조금 더 자세히 경쟁사와 우리를 비교하는 방법을 살펴보자. 검색 엔진 회사들이 제공하는 데이터 분석 서비스를 이용하면 그 차이가 금방 확인된다.

네이버 데이터랩(datalab.naver.com)에서는 2016년 이후 검색 추이를 제공한다. 우리 브랜드와 경쟁사 브랜드를 함께 검색해보고 기간별 추이를 살펴보게 되면 현재 시장에서의 경쟁사와 자사의 차이를 검색량으로 확인할 수 있다. 실제 컨설팅 의뢰를 받았을 때 따로 정보가 없더라도 앞의 과정처럼 경쟁사를 찾고 데이터랩에서 검색량 차이를 확인해보면, 두 브랜드간 매출이나 인지도 차이가 실제와 크게 다르지 않다. 이처럼 검색 데이터는 고객들이 얼마나 해당 브랜드를 검색하는지를 보여주는 실제 지표로서 시장 내에서 우리 회사의 경쟁 강도를 파악하는 좋은 척도가 된다.

한글 키워드(브랜드)의 경우 네이버에서의 검색 횟수가 구글보다 훨씬 많기 때문에 네이버 데이터랩에서 확인해 보는 것을 추천한다(영문 브랜드라도 한글 발음으로 네이버에서 검색해본다). 만약, 영어라면 반대로 구글에서 검색해본다.

정리해보자. 우리가 진출해야 하는 주요 카테고리를 정의하고 카테고리 내 경쟁사를 리스트업 한다. 경쟁사들이 어떤 내용으로 상세페이지나 광고에서 커뮤니케이션 하는지 메시지를 확인하고 이를 따로 정리해둔다. 경쟁사가 우리보다 앞서 있는 것이 무엇인지 확인하고 매출이나 가입자 수 등에서 얼마나 앞서 있는지도 체크한다. 이것을 정리하면 시장과 경쟁사를 한 눈에 볼 수 있는 하나의 표가 완성된다. 이 표를 완성하고 나면 우리가 경쟁해야 하는 회사들이 어떤 곳인지 명확해진다. 그다음에는 경쟁사에는 없는 우리만 갖고 있는 포인트나 특장점을 문장이나 키워드로 끄집어낸다. 시장에서 우리 브랜드를 어떤 식으로 포지셔닝 할 것인지 전략을 수립하는 것이다.

작은 기업이 처음부터 많은 비용을 들여서 리서치 할 수는 없다. 따라서 최대한 검색으로 많은 자료를 모으고 시장에서 어떤 일이 있는지, 무엇이 유행인지, 선도하고 있는 회사는 어디인지, 우리와 비슷하게 시작한 회사는 어떤 곳인지 파악하는 것이 중요하다. 시장과 트렌드 그리고 경쟁자를 알아야 전략이 나온다. 우리가 가진 "찐"이 시장에서 어떤 트렌드를 형성하고 있는지, 주요 경쟁자들은 어떻게 커뮤니케이션 하는지 확인함으로써 우리의 경쟁력을 확인할 수 있다.

4
찐팬 정의하기:
고객의 페르소나 만들기

우리의 찐을 잘 정의하고 시장 흐름과 경쟁자까지 파악
했다면 그다음은 무엇일까? 고객을 집중적으로 공부해
볼 차례다. 우리는 통상 이를 두고 타겟팅이라고 한다.
여기서 다시 '왜?'를 던져 보자. "왜 타겟팅을 해야 하는
걸까?"

작은 회사일수록 타켓팅의 과정이 중요하다. 아시다
시피 작은 회사는 모든 게 부족하다. 사람도 부족하고 돈
도 부족하다. 그래서 처음부터 여러 사람을 대상으로 하
는 서비스를 만들 수 없다(만들려고 해서도 안 된다). 여러

사람을 대상으로 마케팅을 할 이유가 없기 때문에 타겟팅이 필요하다.

배달의민족을 창업한 김봉진 전 의장이 책 『배민다움』의 강연회에서 타겟팅에 대해 설명하는 유튜브 영상을 본적이 있다. 타겟팅을 할 때는 최대한 대상을 좁혀서 잡아 보라고 이야기하면서 샴푸를 예로 들었다. 신규 샴푸 시장에서 1등을 하는 것이 목표지만 샴푸 시장은 너무 방대하다. 이미 선두업체들이 포진해 있다. 이 시장을 비듬, 탈모 등 헤어 관리의 목적으로 나눌 수도 있겠지만 영상에서 김 의장은 다음과 같이 나눠 보라고 했다.

"먼저 지역으로 보고 서울에 사는 20대와 10대를 대상으로 했을 때 경쟁자가 있는지, 여기서 1등이 안 될 것 같으면 다시 시장을 쪼개 서울에 사는 10대 고등학생, 여기서도 경쟁자가 많다면 다시 강남에 사는 고등학생, 이렇게 좁히고 좁혀 타겟을 정교화 해야 한다."

한마디로 우리 제품을 안 살래야 안 살 수 없는 가장 최적화된 고객군을 설정하는 것이다. 이런 제품이 나왔어요, 라는 사실만 얘기해도 바로 구매해줄 수 있는 고객으로까지 쪼개고 쪼개는 것이다. 우리 제품 소개만으로도 "내가 그토록 찾던 거에요!"라고 바로 말하며 지갑을 꺼내는 고객을 찾는 것이 타겟팅이다. 이렇게 타겟팅 된 고객은 당연히 우리의 찐에 반응한다.

고객에 대한 가설을 세우고 확인

고객을 구체화하려면 시장 트렌드와 경쟁사 현황을 기초로 고객의 행동과 특징부터 정리한 후 다양한 가설을 세워야 한다. 고객이 아쉬워하고 힘들어하는 페인 포인트를 찾고, 이런 부분이 우리와 잘 맞을 것이며, 이런 이벤트나 마케팅에 반응할 것이라는 구체적인 설정이다. 그리고 가설은 "고객이 A라는 문제로 어려움을 겪고 있기 때문에 우리는 B라는 솔루션을 제공하면 고객이 반응할 것이다"와 같은 형태로 명확하고 측정 가능해야 한다. 그리고 이를 어떤 식으로 검증할지도 미리 생각해두어야 한다. 그런 다음 고객을 직접 만나야 한다(검증의 한 방법으로).

이제 막 시작하는 스타트업 기업이라면 직접적인 고

객 목소리 청취는 매우 중요하다. 네이버에서 일할 때 소상공인을 모시고 검색 광고에 대한 교육을 한 적이 있다. 그때 소상공인 분들을 많이 만날 수 있었는데, 현장에서 듣는 고객의 목소리는 언제나 책상에서 생각하던 것과 많이 달랐다. 꼭 정제된 FGI 같은 리서치가 아니더라도 날 것의 목소리를 듣는 것은 필요하다. 대기업에 근무할 때는 수 억 원의 비용으로 매년 한 차례씩 소비자 조사를 했다. 우리 브랜드와 경쟁 브랜드를 비교하고, 트렌드 파악을 위한 리서치를 했다. 그런 다음, 다음 해 또는 다음 단계의 계획을 세웠다. 하지만 작은 회사는 이런 리서치가 어렵다. 그러니 간단하게라도 고객 목소리를 청취할 수 있는 기회를 많이 만들어야 한다.

잠깐 옛날 얘기 하나를 더 꺼내면, 게임 회사(네오위즈)에 다니며 게임 마케팅을 할 때 주 타겟이 10대인 게임이었는데, 클로즈 베타 서비스를 기획하면서 당시 개발 책임자와 함께 초등학교 앞에서 하교하는 아이들에게 다가가 게임에 대해 이것저것 물어보는 인터뷰를 진행한 적이 있다. 좋아하는 게임이 뭐며, 하루에 얼마나 하며, 주로 어디에서 어떻게 하는지 등을 물어보는 인터뷰였다. 그 결과, 아이들은 주로 학원을 끝낸 후 한두 시간 정도 게임을 한다고 했다. 그밖에도 어떤 유형의 캐릭터를 선호하는지도 알 수 있었다. 캐릭터가 얼마나 귀엽고 매력적인지에 따라 게임이 선택될 수 있다는 것도 확인했다. 또 10대들도 PC방 이용을 많이 한다는 사실도 알게 됐다. 별거 아닌 정보 같지만, 이때의 인터뷰를 토대로 런칭 마케팅을 기획했고 결과는 성공적이었다.

만약 비용적으로 조금 여유가 있다면 전문적인 FGI까지는 어렵더라도 타겟 대상의 고객을 별도로 리크루팅해서 인터뷰해보는 정도는 해보면 좋겠다. 면대 면이 어렵다면 전화로라도 이것저것 물어보면 좋겠다. 이때 솔직하게 이야기를 들려줄 수 있는 사람을 섭외하는 것이 중요하다.

인터뷰를 효과적으로 수행하기 위해서는 먼저 인터뷰의 목적과 목표를 명확히 설정해야 한다. '고객이 제품을 사용하는 이유' '고객이 겪는 가장 큰 어려움' 등을 파악하는 것이 목표라면, 이에 맞는 구체적인 질문을 준비해야 한다. 질문은 개방형 질문과 폐쇄형 질문을 적절히 섞어 구성하는 것이 좋다. 개방형 질문은 "어떤 점이 가장 불편하셨나요?"처럼 응답자가 자세히 설명할 기회를 주는 것이며, 폐쇄형 질문은 "이 기능을 자주 사용하시나요?"와 같은 사실 확인을 위해 사용하는 질문이다.

인터뷰 중에는 편안한 분위기를 조성하여 솔직한 답변을 이끌어내는 것이 중요하다. 중요한 것은 한 번에 많은 질문을 하기보다 핵심 질문 몇 가지를 깊이 있게 다루며 응답자의 감정과 경험에 집중하는 것이다. 인터뷰의 목적이 분명하고, 목적에 맞는 질문으로 인터뷰를 진행했다면 결과 분석도 수월하게 할 수 있다.

고객의 페르소나 정의하기

타겟 고객을 정리하고, 고객의 페인 포인트를 확인할 수 있었다면, 우리가 만들고자 하는 또는 판매하고자 하는 것과 연결하는 작업이 필요하다. 이때 가장 필요한 것이 고객 페르소나를 만드는 일이다. 페르소나는 라틴어로 가면이다. UX 리서치나 마케팅에서 어떤 제품이나 서비스의 주 타겟이 되는 사용자 집단을 대표하는 가상의 사용자를 뜻한다.

페르소나를 만든다는 것은 실제 인물을 상상하고 한 사람의 내러티브를 만들어 나가는 것을 말한다. 인물이 구체화되지 않았을 때는 모든 것이 막연하지만 이름과 직업, 나이, 사는 곳, 가족 등이 구체화 되면 그 사람의 이야기를 이끌어 내기가 쉽다. 페르소나는 그동안 진행했던 인터뷰와 다양한 검색 자료를 바탕으로 정리하면 된다. 페르소나는 딱 한 명일 필요는 없고, 여러 명이어도 된다.

"그녀의 이름은 김예나입니다. 29살 고민이 많은 스타트업 3년차 PO입니다. 혼자 오피스텔에 거주하며 모든 식사는 밖에서 해결합니다. 가족은 멀리 지방에 살고 있고 예나씨는 회사 근처에서 혼자 살고 있습니다. 예나씨의 고민은 '더 이상 성장하지 않고 있다'고 느끼는 것입니다. 인스타와 페북에서 많은 사람을 만나는데, SNS 속 사람들은 늘 올라가고 있는 것 같은데 혼자만 멈춰 있는 것 같습니다. 예나씨는 회사에서 서비스를 리드하는 리더로 일하고 있지만 모든 것이 버겁습니다. 최근에는 비

숫한 또래, 비슷한 고민을 가진 사람을 만나기 위해서
커뮤니티에 가입해서 사람들을 만나기도 합니다." (온라
인 교육 스타트업 페르소나 A 예시)

페르소나가 안고 있는 문제점(페인 포인트)이 무엇인지
정의할 때 우리의 찐과 연결될 수 있는지, 나아가 고객의
문제가 우리 제품과 어떻게 연결되는지 정리하는 것이
중요하다. 그리고 우리의 찐으로 고객의 문제가 해결된
다면 고객은 어떤 감정과 어떤 상황이 되는지도 포함되
어야 한다.

앞의 온라인 교육 스타트업의 페르소나 예시를 보게
되면, '스타트업' '중간 리더' '성장'이라는 키워드가 나온
다. 그녀(김예나)의 페인 포인트는 스타트업에서 자신을
이끌어줄 리더가 없다는 것과 더 이상 일에서 성장하는
느낌을 갖지 못한다는 것 그리고 리더로서 일을 해내는
것을 버겁게 느끼고 있음이다. 이 같은 중간 관리자의 어
려움을 해결하기 위해 교육 스타트업의 핵심 찐을 '중간
리더의 성장'으로 정리할 수 있다. 그러면 고객 김예나는
다시 성장하는 느낌을 갖게 되며, 자신과 유사한 고민을

가진 리더들과 함께 교육 받으며 서로 공감도 하고 어려움을 극복해 나간다는 스토리를 완성할 수 있다.

페르소나가 하나면 비교적 분석이 용이하지만 간혹 둘이 될 때도 있다. 잠시 자문을 했던 L기업의 경우 환자와 보호자가 주 타겟이었는데 환자 페르소나와 보호자 페르소나, 이렇게 둘을 고려해야 했다. 온라인 사용이 자유로운 젊은 환자 페르소나와 온라인 사용이 어려운 60~80대 부모님을 케어하는 젊은 보호자 페르소나, 이 둘을 대상으로 하게 되면 전달해야 할 메시지는 각각 달라진다. 같은 젊은 층이지만, 한쪽은 환자고 한쪽은 보호자로 두 고객이 처한 입장은 사뭇 다를 수밖에 없다. 동일 제품을 이 둘에게 같이 어필하기 위해서는 페르소나가 둘이 되는 시나리오를 짜야 한다.

페르소나 설정은 매우 다양하다. 그래서 혼자서 정리하기 보다는 팀단위로 모여서 고객 인터뷰 등을 토대로 여러 가지 가설을 써보면서 만들어 보는 것을 추천한다. 페르소나 이름도 정하고 얼굴 이미지도 찾아서 가상으로 인물을 창조해본다. 이렇게 신상 정보까지 정해지면 이후 과정은 무척 쉬워진다. 그리고 페인 포인트에 대해

페르소나 만들기

이름
나이
직업
회사
관심
주이용서비스
특징

페르소나와 제품 연결하기

- Pain Point 혹은 원하는 것

- Benefits 얻을 수 있는 이익

- Solution 우리가 제공할 수 있는 것

페르소나 기획 예시

서도 구체적으로 설명할 수 있게 된다. 나아가 우리가 생각하는 찐이 잘 전달되게끔 제품이 설계되었는지 혹은 기획되었는지도 알 수 있다.

정리해보자. 팬이 될 고객을 정하고 만들어가는 것이 중요하다. 나를 잘 아는 것도 중요하지만 상대방을 잘 알아야 치열한 전쟁터에서 승리할 수 있다. 팬을 알아가는 가장 확실한 방법은 페르소나를 정리하는 것이다. 페르소나는 고객의 나이, 성별, 사는 곳은 물론이고 취향과 라이프스타일을 포함한다. 그리고 가장 중요하게는 어떤 페인 포인트를 갖고 있으며, 이를 해결했을 때 어떤 이익이나 감정을 갖는지 정의하는 것이다. 이렇게 찾은 고객을 단 한 번의 구매 경험으로 단골로 만들고 최종적으로는 팬이 되도록 해야 한다. 그러려면 팬과의 연결점에서 조금 다른 특별한 것이 있어야 한다. 다음 글에서는 이를 어떻게 찾을 것인지 구체적으로 살펴보도록 하자.

5
찐팬의 속마음 찾기:
욕구와 가치 연결하기

본격적으로 고객과 우리의 찐(찐을 머금은 제품)을 연결하는 작업(마케팅)을 해보자. 이 작업을 위해서는 고객이 어떤 심리 상태일 때 우리를 찾는지 파악하는 것이 중요하다.

고객이 우리와 만나게 되는 가장 첫 번째는 카테고리 키워드라고 얘기했다. 고객이 필요(Needs)를 느끼고 검색 키워드를 떠올리고, 그때 함께 떠오르는 브랜드가 되도록 하는 과정이 마케팅이다. 그러나 좀더 세련된 마케팅은 고객의 숨은 욕구(Wants)를 건드린다. "이 문제가 해결되었으면 좋겠어. 이게 필요해"라고 생각한 다음 떠오르는 브랜드가 되는 것보다 고객의 내면 깊은 곳에 있는 욕구를 자극해서 우리 제품을 연결하는 것이다. 이는 스티브 잡스의 유명한 말 "고객은 자신이 무엇을 원하는지 모른다"와 같다. 필요를 해결해주는 것보다 더 깊은 욕구를 자극하는 것이 더 큰 시장을 확보하는 것임을 뜻한다.

하지만 욕구는 항상 합리적으로 소비하도록 두지 않는다. 때로는 비합리적으로 행동하게 한다. 왜냐하면 지금은 필요하지 않음에도 불구하고 앞으로 필요할지도 모른다는 미래의 기대 충족, 지금의 내 마음이 원한다는 이유로 브랜드를 선택하는 경우도 있기 때문이다. 마트에 갈 때는 분명히 필요한 것만 사려고 핸드폰에 빼곡히 물품 목록을 적어 가지만, 계산대를 향하는 카트에는 메모해두지 않은 것이 훨씬 더 많이 포함되어 있다. 무의식처럼 핸드폰 쇼핑 앱을 열어서 이것저것 살피는 일도 자주 하는 경험이다. 딱히 필요한 물건이 있는 것도 아닌데, 그냥 무심코 물건을 살펴보다 싸게 판다는 사실 하나에 낚여서 결제 버튼을 누른다. 이런 비합리적 행동이 현대인에게는 다반사로 일어난다.

고객의 욕구는 가치와 연결

현대 사회의 소비자 욕구는 심리적 결핍과 연관되어 있다. 고객은 이를 충족시키고자 특정 제품이나 브랜드를 원한다. 가방을 구매할 때 물건을 넣어 들고 다니는 기능적인 필요만을 위해 사는 사람은 없다. 가방이라는 제품에 나의 욕구를 투영해 브랜드를 정하고 제품을 선택한다. 이때 고객의 욕구는 가치와 연결된다.

동물 학대에 대한 인식이 퍼지면서 동물 가죽이 아닌 비건(Vegan) 가죽 제품이 늘어나는 추세다. 동물 가죽에 대한 대체 소재로 식물에서 채취한 재료들로 가방을 만들기도 한다. 파인애플 잎, 선인장, 사과 껍질 등으로 가방을 만들고 이런 제품을 비건 가죽이라고 강조한다. 가방의 기능적 편리함도 중요하지만, 가방의 소재가 어디서 나왔는지, 가방을 제조하는 과정에서 얼마나 환경을 보호하는 노력을 했는지, 이런 점을 더 크게 어필한다.

환경을 지키려는 고객의 욕구가 산업에 영향을 미치는 것으로 볼 수 있다. 악어가죽 가방으로 유명한 에르메스는 잔인하게 악어를 죽이는 문제로 동물보호 단체로부터 공격을 받았다. 유명 명품 브랜드도 고객의 욕구 변화에 맞춰 자신들의 가치를 재정의한다. 이처럼 고객의 실용적 니즈보다 잠재적 욕구를 파악하고 이를 우리가 하는 사업, 우리가 사업을 하는 이유(찐)와 연결하는 것이 팬을 만드는 중요한 단초가 된다.

스타벅스의 '제3의 공간'이라는 브랜드 컨셉은 고객의 숨겨진 욕구를 기반으로 도출된 사례다*. 이 개념은 고객에게 집과 직장이라는 두 주요 생활 공간 외에 편안하고 자유롭게 시간을 보낼 수 있는 제3의 공간을 제공하려는 생각에서 시작되었다. 스타벅스는 바쁜 일상 속에서 스트레스를 해소하고자 하는 현대인의 숨겨진 욕구를 파악했다. 특히 도심의 직장인들이 잠깐 개인적인 시간을 가지며 '작은 사치'를 누릴 공간을 원하고 있다는 점에 주목했다. 스타벅스는 이를 '제3의 공간'이라는 컨셉으로 명명하고 고객이 일을 하거나 책을 읽거나 친구와 담소를 나눌 수 있는 자유로운 환경을 제공하는 것을 목표로 했다. 집처럼 편안하지만, 직장처럼 엄격하지 않

---

* 호소다 다카히로(2024), 『컨셉 수업』, 알에이치코리아

고, 사람들에게 소속감을 주면서도 독립적으로 행동할 수 있는 장소 말이다.

스타벅스 같이 큰 회사뿐만 아니라 작은 회사들도 얼마든지 고객의 숨겨진 욕구를 기반으로 제품을 기획하거나 마케팅 할 수 있다. 이미 어느 정도의 찐팬을 가진 워스워드라는 주얼리 회사의 컨설팅을 한 적이 있는데, 이곳은 인스타그램을 기반으로 마케팅을 한다. 인스타그램을 보면 전혀 주얼리 회사처럼 보이지 않는데 그 이유는 주얼리 본연의 화려함보다 자신들이 사업을 하는 이유, "찐"을 강조하기 때문이다.

워스워드는 사람들이 아름다움을 표현하고 외모를 가꾸는 수단으로 주얼리를 사용하기도 하지만, 자신의 마음과 신념을 표현하는 수단으로 활용하고 싶어한다는 욕구를 잘 활용했다. 즉, 크리스천들이 십자가 형상을 주얼리로 활용하는 것처럼 자신의 신념과 가치를 개인화된 '메시지'로 표현해 세상에서 하나뿐인 나만의 주얼리를 만들 수 있도록 했다. 이점이 성공 포인트였다. 선물을 하기에도 용이한 제품으로 자연스럽게 바이럴이 되면서 재구매율도 뛰어났다. 현재는 인스타그램 중심으로 많은 팬을 거느리고 있다.

스타벅스가 '제 3의 공간'이라는 욕구를 발견하고, 이를 자신들의 커피 사업장으로 연결했다면, 워스워드는 '액세서리로 개성과 메시지를 표현'하는 욕구를 주얼리와 연결했다. 두 회사 모두 자신들이 내세우는 찐을 고객의 욕구와 잘 연결했다.

데이터에서 숨겨진 욕구를 찾는 것

코로나를 겪으면서 건강에 대한 관심이 많아지면서 SNS에 운동하는 모습이나 운동 완료 후 모습을 사진이나 영상으로 올리면서 해시태그(#오운완)를 다는 걸 자주 볼 수 있다. 필자 역시도 운동을 하고 나서 인스타그램 등으로 #필라테스완료 같은 해시태그를 함께 올리곤 한다. 그런데 해시태그를 잘 쫓아가 보면 이들의 욕구가 운동이 아니라 다이어트에 있음을 발견할 수 있다. 검색을 추적해 보면 '살 안찌는 야식' '살 안 찌는 다이어트식' '살 안 찌는 배달음식' 같은 키워드를 더 많이 검색하는 걸

볼 수 있다*. 즉, 드러나는 것은 운동이지만 그 이면에는 다이어트에 대한 욕구가 더 크다.

　고객의 숨겨진 욕구 확인은 데이터(툴)로 확인할 때 더 분명해진다. 어센트코리아에서 제공하는 리스닝마인드 허블(listeningmind.com/ko)은 검색어를 기반으로 유저들의 숨은 의도와 욕구를 가시화된 표와 그래프로 잘 보여주는 서비스다. 컨설팅하는 업체마다 꼭 한 번씩 소개하고 써보라고 권유한다. 다만 유료(고가의) 서비스인 만큼 사업 초기보다는 검색 최적화를 어느 정도 할 수 있고, 검색어 데이터를 기반으로 유입 채널 분석까지 원활하게 할 수 있을 때 사용할 것을 권한다.

　바이브컴퍼니의 썸트렌드(some.co.kr) 역시 많이 권장하는 서비스다. SNS와 뉴스 기사 중심으로 제품이나 브랜드, 카테고리 키워드의 감성 분석, 연관 검색어 등을 제공하고 있어서 블로그 마케팅을 하거나 SNS 마케팅을 할 때 많이 활용된다. 제품 출시 이후에는 버즈 분석에도

---

* 　리스닝마인드데이터 인사이트 클럽 '퍼스널 헬스케어/생활용품' (2024.02)

사용하기 좋다. 앞서 브랜드를 소개할 수 있는 키워드와 카테고리 그리고 연관된 키워드에 대해서 얘기했는데 썸트렌드를 통해서는 실제 이러한 키워드가 고객들 사이에서 긍정적으로 반응하는지, 부정적으로 반응하는지도 볼 수 있다. 다만, 긍정과 부정을 두고 우리와 연관된 키워드가 문제가 있다 없다 식의 단순한 평가만 해서는 안 된다. 우리가 미처 발견하지 못한 고객의 숨은 욕구가 무엇인지 단서 정도로 활용하는 것이 중요하다. 즉, 빅데이터를 통해서 어떤 긍부정 단어와 연결되는지 함께 체크해야 한다.

썸트렌드 외에도 네이버나 구글도 데이터 분석 서비스를 제공한다. 기획자나 마케터라면 이미 알고 있는 서비스다. 하지만 알면서도 한 번도 들어가 보지 않거나 두어 번 검색을 해보고는 별 도움이 안 된다고 판단하는 분들이 있다. 누구나 이용할 수 있는 대중적인 툴을 갖고서도 필요한 정보를 찾아내는 것이 진짜 능력이다.

시장 조사가 밑바탕이 될 때 욕구와 가치가 연결되는 포인트를 정확히 짚어낼 수 있다. 피상적으로만 봤다면, '오운완' 이면에 '살찌는 걱정 없이도 맛있는 음식을 먹고 싶다'는 욕구가 있음을 캐치 못했을 것이다.

가설을 세우고 직접 만나 이야기하는 것

스티브 잡스는 1995년 비즈니스위크지와 가진 인터뷰에서 전문 리서치 회사를 통해서 진행되는 FGI(Focus Group Interview)에 대해서 부정적으로 얘기했다. 이 얘기는 이후 여러 사람들에게 회자되었다.

> "포커스 그룹에 맞춰 제품을 디자인하는 건 진짜 어려운 일이다. 대부분 사람들은 제품을 보여주기 전까진 자신들이 원하는 게 뭔지도 정확히 모른다." (비즈니스위크, 1998년 5월 25일)

아이폰이 나오기 전까지 사람들은 얼굴을 보면서 통화하는 것, 쇼핑을 하고 은행 업무를 보는 것, 음악을 듣고 영화를 보는 것을 막연하게만 생각했다. 그리고 손에 잡히는 정도의 작은 화면을 두고 누가 굳이 이용할까 하는 의문도 가졌다. 지금처럼 대중적인 서비스가 될 것으로는 어느 누구도 예측하지 못했다. 하지만 스마트폰의 출현은 모든 산업에 강력한 영향력을 미쳤고, 사람들이 상상하지 못했던 욕구를 이끌어 내는 계기가 됐다. 이제는 스마트폰으로 못 하는 것이 없을 정도다. 이를 생각해 보면, 스티브 잡스의 생각이 얼마나 선견지명이었는지 알 수 있다. 그리고 FGI 같은 공간에서의 고객 얘기(인터뷰, 리서치)가 유용하지 않을 수 있다는 것도 알 수 있다.

인류학자 출신으로 여러 기업에서 전문 경영인으로 일한 백영재 박사는 『씩 데이터』(Thick Data)라는 책에서 빅데이터의 허상을 얘기했다. 검색 엔진 기반의 빅데이터가 추출한 키워드는 고객 마음에서 표면적인 언어로 추출된 2차 가공물 정도밖에 되지 않는다고 했다. 말로 표현되지 못한 고객의 진짜 마음이나 감정을 데이터로 확인하는 데에는 한계가 있고, 정제된 리서치보다 소비자의 행동을 직접 관찰해보는 것이 더 중요하다고 했다.

오히려 의도되지 않은 자연스러운 관찰에서 미처 표현하지 못한 고객의 욕구가 드러난다. 그렇지만 객관성을 높이기 위해서는 여러 장비나 장치를 써서 관찰해야 하는데, 비용이 많이 드는 문제가 있다. 그래서 초기 스타트업이나 작은 기업들은 정식으로 활용하기가 힘들다. 대신 가설을 세우고 이를 토대로 주변 사람들에게 직접 물어보는 식의 관찰이 비용을 많이 쓰지 않는 선에서 해볼 수 있는 조사다(주관성이 일부 개입되더라도). 그리고 가급적 예비 고객이 있는 현장, 이왕이면 우리 제품을 사용하는 현장으로 직접 찾아가서 하는 것이 좋다.

파파주스를 만든 프레쉬벨이라는 경북 경산에 있는 기업의 성공 사례를 강의로 들은 적이 있다. 이 기업은 주스의 직접적인 소비자인 어린이들의 반응을 듣고자 직접 어린이집에 찾아가 주스 시음을 하고 아이들의 목소리를 들었다. 그리고 실제 구매 고객이 되는 부모를 관찰하고자 마트에서 구매 행동을 관찰하면서 리서치를 했다. 이런 과정을 통해서 아이들이 좋아하는 캐릭터가 나오고, 아이들의 피드백을 담아 맛을 수정했다. 그리고 아빠의 마음이 들어간 주스라는 의미에서 브랜드 네이밍을 했다. 모든 리서치와 관찰 활동은 외부 전문 기관이 아닌 내부 직원들이 함께 참여했으며, 분석 내용을 바탕으로 패키지 디자인, 음료의 맛 등을 결정해 런칭했다.

이후 지역 마트에서 성공적으로 유통하게 되었다. 이처럼 작은 기업이라면 외부 전문가가 아닌 내부 직원들과 함께 기획하고 실행으로 옮겨보는 것이 제품의 찐을 직원들과 함께 공유하기에도 좋고, 고객 반응에 따라 결과를 재빨리 제품에 반영해 나갈 수 있다.

현장에서 고객의 목소리를 직접 들어보는 것은 FGI나 정량 조사를 통해서 얻지 못하는 정보를 캐치하도록 도와준다. FGI는 모더레이터(진행자)의 역할이 무척 중요하다. 딱딱한 회의실 같은 곳에서라도 참여자들이 편하게 생각하고 말할 수 있는 분위기를 만들고 진짜 정보를 끌어내는 역할을 잘해야 한다. 하지만 전문 모더레이터 운영에는 꽤 큰 비용이 나간다. 그래서 작은 회사라면 기획자나 마케터가 직접 나서서 FGI를 진행하는 수밖에 없는데, 유도 질문을 하지 않는다 등의 몇 가지 기본적인 원칙만 잘 지킨다면 부족하지만 의미 있는 조사가 될 수 있다.

고객과 나눈 이야기와 획득된 정보는 우리 브랜드의 지향점과 다시 한번 매칭해보는 등 다음 제품 개발이나 마케팅 업무 등에 요긴하게 쓸 수 있다.

고객의 욕구를 찾는 루틴 만들기

마케팅을 하는 사람이라면 고객의 변화와 트렌드에 늘 관심을 가져야 한다. LG생활건강에서 18년 동안 대표이사를 지낸 차석용 전 부회장은 매일 오후 4시에 퇴근해 매장이나 백화점, 길거리에서 사람들의 패션이나 화장 등을 관찰하고 유행을 살핀 것으로 유명하다*. 그는 매일 사람들의 취향이 어떻게 변하는지 알기 위해서 책상에서 보고만 받는 것이 아니라 직접 현장에서 눈으로 보고 체험하려고 노력했다.

매일 아침 출근해서 30분 동안은 우리 고객은 무엇에 관심이 있는지, 요즘 뜨는 영화나 드라마는 무엇인지, 유행하는 짤이나 밈은 어떤 것인지, 어떤 SNS 채널을 주로 이용하며 어떤 콘텐츠를 많이 소비하는지 등의 고객의 관심과 욕구를 찾는데 시간을 써야 한다. 그리고 이러한 일을 루틴으로 만들기를 추천한다. 루틴을 만들어 놓지 않으면 마케팅 조사를 닥쳐서 하게 되고, 그러면 정확

* 홍성태, 『그로잉업』, 북스톤, 2019

한 파악도 안 될뿐더러 시간과 비용도 더 많이 쓰게 된다. 평소 그때그때 변화를 머릿속에 담아 두고 있다면 에너지를 훨씬 더 절약할 수 있다. 이렇게 발견되고 축적된 정보들은 광고와 커뮤니케이션에 쓰이고 서비스나 제품 기획에도 도움이 된다.

각자 일하는 영역이 다르다 보니 구체적으로 루틴의 내용까지 조언하기는 어렵다. 스스로 만들고 계속해서 업그레이드시켜나가는 방법밖에 없다. 그럼에도 감이 안 잡힌다면, 동료나 선배를 한 번 관찰해보라고 말하고 싶다. 그런데 주변에 그런 사람이 없다면? SNS를 뒤져서라도 찾아보고, 그 사람이 남기는 글을 보고 유추하거나 댓글이나 DM 등으로 직접 질문을 해보는 것도 좋은 방법이다.

정리해보자. 타인의 마음을 아는 것은 어려운 일이다. 더군다나 얼굴을 본 적도 없는 고객의 마음을 알아가는 것은 어쩌면 기적과 같은 일인지도 모른다. 다양한 정보와 직관을 바탕으로 고객들의 숨은 욕구와 우리가 추구하는 가치가 맞닿는 부분을 찾아내는 것이 우리가 해야 하는 일이다. 작은 기업일수록 이런 일이 특히 더 어렵다. 하지만 하나씩 검색을 통해 파악하고 가설을 세워 검증하는 시도를 계속해 나간다면 찐팬의 속마음을 이해하는 데 성공을 거둘 수 있다.

6
찐팬에게 주어야 할 것:
우리의 핵심 치트키

시장과 고객의 니즈 나아가 욕망을 알아야 하는 것과 동시에 우리의 역량 상태를 체크하는 것도 중요하다. 초기 스타트업이나 작은 기업일수록 우리 브랜드를 마음껏 경험하게 해야 한다는 생각에 지나치게 고객의 소리 중심으로 비즈니스를 만들어 갈 때가 있다.

이 책을 읽고 있는 분들은 대기업보다는 작은 기업에서 일하고 있을 확률이 높을 텐데, 작은 곳일수록 기술이나 사람이 부족하기 때문에 고객이 원한다고 해서, 시장이 원한다고 해서 모든 것을 할 수가 없다는 사실을 알아야 한다. 근데 이 말은 고객의 페인 포인트와 욕구 중심으로 제품을 만들라는 것과는 마치 반대가 되는 말인 것 같다.

필자의 경우, 네이버나 네오위즈 같은 IT 기반이 탄탄한 회사에서 일할 때는 기획, 디자인, 개발 전문가들과 함께 일할 수 있었던 환경이라 마케터인 나는 비교적 편하게 원하는 것을 구현하고 실행했다. 한마디로 멈춤이 없었다. 하지만 작은 비영리 단체에서 일을 할 때는 그런 맨파워가 없기 때문에, 때로는 직접 디자인을 하고 간단한 개발까지도 해야 했다. 결국 이런 환경을 받아들이지 않게 되면 일은 진척도 안 되고 결과적으로 아무런 성과도 내지 못한다.

고객이 바라는 것을 완벽하게 제공하는 것은 불가능하다고 인정해야 한다. 그렇다고 해서 고객의 욕구를 포기하라는 것은 아니다. 고객의 핵심 욕구와 우리의 핵심 가치 사이에서 가장 잘할 수 있는 것이 무엇인지를 재빨리 테스트하고 찾아가야 한다.

MVP는 실험이고 테스트

최고 인기 SNS인 인스타그램은 초기에는 사진 올리기 기능만 있었다. 아주 단순했다. 초기 반응을 보고서 확신이 든 상태에서 서비스 기능과 대상을 조금씩 넓히기 시작했다. 마찬가지다. 어떤 분야에서 새로운 시도를 한다면 우리가 아무리 열심히 리서치를 했다 하더라도 고객 반응은 그것과 전혀 다를 수 있다. 그래서 처음부터 완성도 높은 제품을 구현해서 출시하려는 방식보다 슬림하게 단순한 몇 가지 기능만 갖추고 서비스를 시작하는 MVP(Minimum Viable Product, 최소기능제품)를 지향해야 한다(인스타그램처럼).

지식이나 노하우, 경험을 판매하는 크리에이터들은 처음에는 그냥 자신의 인스타그램이나 블로그에 "이런 이런 일을 앞으로 하려고 한다" 이렇게 말을 꺼내며 사업을 시작한다. 필자 역시도 처음에는 홈페이지도 없이 블로그와 노션으로 자기소개 정도만 올려두고서 시작했다. 작은 기업은 갖고 있는 자원을 중심으로 잘할 수 있는 것에 집중하여 자신의 핵심가치를 고객에게 보여줄 방법을 찾는 것이 먼저다.

스타트업을 위한 문제 해결 플랫폼인 그로우앤베터 서비스도 처음에는 노션으로 홈페이지 만들고 CX 강의 하나로 출발했다. 그것으로 시장 반응을 테스트하고 이후 관련 강의를 더 집중해서 올리면서 IT 종사자들 대상의 콘텐츠 서비스 제공 기업으로 거듭났다. 지금은 다양한 주제의 콘텐츠를 올려 사업을 진행 중이다(그로우앤베터 사례는 3부에서 자세히 다룬다).

시장 리서치를 바탕으로 경쟁사를 의식하며 처음부터 완벽하게 차별화된 전략으로 스타트하면 좋겠지만 결코 쉽지 않은 일이다. 오히려 완벽하진 않더라도 어떻게든 경쟁사와 조금이라도 다르게 만들고, 고객 경험 역시도 경쟁사와 다른 반응이 나오도록 조금씩 유도하는 것이 더 낫다. 마케팅도 마찬가지다. 우리가 가지고 있는 것, 시간이 가도 변하지 않는 것에 중심을 두고 유통 채널을 고민하고 고객들과 커뮤니케이션해야 한다.

고객 리서치를 진행하고 고객의 다양한 질문들을 듣다 보면, 이를 내부에 적용하지 못해 자괴감을 느끼거나 구성원들끼리 충돌을 빚거나 할 수도 있지만, 우리가 할 수 있는 범주 안에서 가장 잘하는 것과 고객들이 좋아하는 것들 사이의 교집합을 만들고, 이를 바탕으로 마케팅을 펼쳐 가는 것이 중요하다.

우리만의 치트키

완벽하지 않지만 고객에게 제공하고자 하는 핵심만 담아 경쟁사와 다른 차별화된 그 어떤 것, 이를 '치트키'라고 해보자. 성공하는 회사는 자신만의 '치트키'를 가지고 있다. 프리랜서 플랫폼이 우후죽순 생겨나고 크몽, 탈잉, 클래스101 등 유사 서비스들이 있지만, 이들 업체도 각자 차별점(치트키) 하나씩을 갖고 있다.

크몽은 현재 가장 많은 프리랜서 전문가들이 활동하고 있으며, 강의와 전자책 등 다양한 상품을 서비스하고 있다. 초기에는 단돈 5,000원에 누군가의 재능을 제공하는 매우 단순한 서비스였다. 이런 단순함에서 시작한 서비스가 점차 확대되어 지금의 전문가 매칭 나아가 강의와 전자책 판매하는 공간이 되었다. 필자 역시 프로젝트

단위로 컨설팅 업무를 할 때 크몽에서 자신의 재능을 팔고 있는 디자이너, 카피라이터를 찾아서 쓰곤 한다.

탈잉은 김윤환 대표가 고려대학교 재학시절 헬스 동아리를 만든 경험을 바탕으로 누군가와 재능을 나누고자 만들었다. 재능을 가진 사람이 튜터가 되고, 일반 회원이 수강생이 되어 이 둘을 매칭해주는 모델이다. 초기에는 페이스북 페이지에서 사람들을 모으고 카카오톡으로 매칭을 해주는 MVP 실험을 했다. 지금도 탈잉은 가르치고 배우는 형태의 서비스가 강점이다.

클래스101는 주로 강의 위주로 프리랜서들의 플랫폼을 만들었다가, 비즈니스 강의가 아닌 '취미' 중심의 강의로 차별화를 시도했다. 몇 개의 취미 강의가 인기를 얻고 입소문이 나면서 고객들을 모으기 시작했고 자연스레 확대되었다. 결과적으로는 현명한 선택이었다.

이처럼 비슷한 서비스 같지만 이들은 모두 시작점에서의 치트키가 달랐다.

각자 서비스나 제품에서 가장 자신 있는 한 가지가 무엇인지를 생각해보자. 그런 다음 그것에 집중하면서 차별화를 시도해보자. 결국은 처음 서비스를 만들 당시의 초기 차별점이 계속 유지되면서 자신만의 강점을 만들 수 있어야 한다. 경쟁사가 잘하는 것 고객들이 좋아하는 것에 너무 집착하지 말고, 처음에는 우리가 가장 잘할 수 있는 것에 먼저 집중해서 고객을 만족시킨 다음 이를 발판으로 차츰 넓혀가는 것이 올바른 순서다. 우리의 "찐"을 다시 떠올려보자.

7
찐팬에게 주어야 할 것:
특별한 경험

타겟 고객을 정의하고 그들의 숨은 욕구까지도 파악했다. 그리고 노력 끝에 고객에게 어필할 제품 개발도 마쳤다. 이제 이를 어떻게 알릴지 고민해보자.

제품 차별화보다는 경험 차별화

모든 마케팅 과정은 한 마디로 설득이다. 고객의 마음을 움직여 우리와 연결하고 경험을 유도하는 과정을 핵심 메시지로 설득하는 것이 마케팅이다. 다른 많은 브랜드가 있는데 그것을 두고 "왜 우리 것을 선택해야 할까?" "왜 우리 사이트에 가입해야 할까?" "왜 우리 제품을 구매해야 할까?" "왜?"에 대한 답이 차별화다. 여기에 답할 수 있다면, 고객을 설득할 포인트를 알고 있는 셈이다. 제품을 알리기 위해 어떤 부분을 차별화할지 알게 되면, 마케팅 방향은 정해진 것이나 다름없다.

필립 코틀러 교수는 '브랜드 차별화'를 두고 우리 제품에 의미 있고 가치 있는 차이를 넣는 것이라고 정의했다. 특별함을 제품에 넣는 차별화 전략은 경쟁사 대비 우리만 갖고 있는 강점을 내세우는 방법이다. 이론적으로는 상품, 서비스, 유통(채널), 이미지, 가격 차별화의 방법이 있다고 하지만, 작은 기업 입장에서는 이러한 차별화가 그리 녹록지 않다. 작은 회사니까 비용이 적게 드니 가격을 낮춘다? 가격도 규모의 제작이라는 틀에 갇히면 무한정 낮출 수 없다. 그래서 작은 기업이고 소상공인이라면 차별화의 관점을 제품보다는 고객 경험으로 만든다고 생각해야 한다.

처음 만나는 고객경험부터

온라인에서 산 물건이 하루도 안 되어 집으로 배달되는 시대다. 이 첫 만남의 순간도 콘텐츠가 되는 세상이다. 집으로 배달온 택배 박스를 여는 언방식(Unboxing)부터, 제품의 사진을 찍고 영상 촬영을 하고, 그런 다음 이를 SNS나 유튜브에 공개한다. 똑같은 물건이라도 어떻게 포장해서 전달하는지, 첫 만남에서 고객들은 이미 제품에 대한 호감도를 결정한다. 그래서 요즘은 패키징에도 무척 신경을 쓰는 추세다. 첫 인상을 결정짓는 패키징에는 본제품, 포장재(박스, 파우치, 지퍼백, 완충용 포장재), 라벨, 주문서, 사용/환불 가이드, 굿즈(스티커나 엽서), 홍보물(쿠폰, 브로셔 등)과 같은 것들이 모두 포함된다.

마켓컬리를 처음 접했을 때 배송 박스 때문에 호감도가 세 배쯤 증가했던 기억이 있다. 최대한 불필요한 요소를 없애면서도 냉동 냉장에 필요한 스티로폼 대신 종이로 보냉을 강화한 박스는 컬리에 대한 신뢰를 높였다. 실제 컬리는 모든 배송 포장지를 재활용이 가능한 소재로 바꾸는 '올 페이퍼 챌린지'(All Paper Challenge)를 지속해

오고 있다.

종종 우리 회사는 작아서 그런 비용을 쓰기에는 너무 어렵다고 얘기하는 대표님들이 있다. 친환경은 큰 기업이나 하는 거라고, 작은 기업은 최저 비용을 써서 만드는 거라고, 그래서 회사에 맞춤 된 패키징이 아니라 공산품으로 팔고 있는 일반 박스에 회사 로고 스티커를 붙여서 배송하는 게 전부라고 말한다. 하지만 간혹 스마트스토어를 통해서 구입한 작은 액세서리 같은 제품이지만 박스에 담긴 손 편지라던가, 해당 브랜드만이 갖고 있는 특별한 점을 아주 작게라도 표현한 아이디어를 볼 때면 대기업 이상의 깊은 감동을 얻는다.

이전에 어떤 쇼핑몰에서 식품을 구매했는데, 제품 포장 박스 안에 왜 이런 온라인 몰을 만들게 되었는지 대표의 스토리를 담은 작은 편지가 동봉되어 있었다. 손자 손녀들에게 줄 간식을 만들다가 그게 입소문이 나서 상품으로 정성스레 만들게 되었다는 이야기는 꽤 감동적이었다. 그리고 신뢰감을 줬다. 아이를 키우는 엄마들이라면 이런 스토리를 그냥 하는 말이 아닌, 진심을 담은 이야기로 받아들일 것이다.

새로운 상품과 만날 때 기억하고 싶은 첫 만남이 있었는지, 그리고 어떤 첫 만남을 기대하는지, 과연 SNS에까지 공유하고 싶은지, 생각해보면 답이 나온다. 이를 거꾸로 생각하면, 어떻게 우리 고객과의 첫 만남을 설계할 것인지도 답을 찾을 수 있다.

오프라인 경험을 특별하게

예전에는 오프라인 기업들이 온라인에서 많은 고객을 만나고 다양한 이벤트 등을 통해서 온라인 경험을 늘려갔던 적이 있다. 요즘은 반대로 온라인 서비스 기업들이 오프라인을 통해서 고객들을 직접 만나고 오프라인 경험을 전하는 곳이 늘고 있다.

마켓컬리는 지난 2023년 7월, 첫 오프라인 행사로 '컬리푸드페스타'를 동대문디지털플라자(DDP) 아트홀에서 열었다. 7월 6일부터 9일까지 나흘간 진행된 행사에 누적 인원 2만여 명이 참석했다. 무더운 여름 날씨였지만 입장 대기 줄이 300m가량 이어졌다. 마켓컬리의 85개

파트너사와 130개의 식음료 브랜드가 참여해 시식 코너를 운영했으며, 물품 판매보다는 제품과 브랜드 경험에 집중했다. 구매를 원할 경우에는 현장의 QR코드로 컬리몰에서 주문하면, 다음 날 새벽 배송으로 제품을 받도록 했다. 온라인에서는 하기 어려운 맛보기(시식) 경험을 오프라인에서 할 수 있도록 하고, 구매는 온라인으로 하는 방식이었다.

MZ들 사이에서 핫플로 대접받는 성수동과 여의도의 더현대 백화점은 다양한 브랜드 팝업 스토어의 성지 같은 공간이 되고 있다. 판매가 목적이 아닌 경험을 제공하는 팝업 스토어는 MZ들의 놀이터이자 SNS를 위한 경험의 장이다. 브랜드가 가지고 있는 핵심을 오프라인 공간에서 매력적으로 보여주고 그것을 소비자와 연결하고 SNS에 이를 방출하도록 유도한다. 김난도 서울대 소비자학과 교수도 상업 공간을 '매체'라고 정의하며 고객 경험을 연출하는 공간의 중요성을 강조했다. 최근의 팝업 스토어 유행은 이런 이유 때문이다.

여성 언더웨어 브랜드 더잠의 더현대 팝업스토어는 특별했다. '자몽이의 방' 컨셉으로 꾸며진 팝업스토어는

🍊 **그럼, 왜 자몽이의 방을 구현했나요?**

내 집 같은 편안한 공간을 구현하여 침실에서는 파자마를, 내 드레스룸에서는 속옷을 천천히 경험해 보시기를 바랍니다. 더잠이 만든 진정성 가득한 제품이 많은 유동인구가 존재하는 더현대이지만 최대한 넓은 곳에서 최대한 차곡 차곡 보시기를 바라는 마음입니다.

자료. 더잠 홈페이지

총 4개의 공간으로 꾸며졌다. '자몽'은 더잠이 고객을 부를 때 쓰는 애칭으로 200여 명의 고객과 열띤 토론 끝에 만들어졌다. 이처럼 애칭 하나를 만드는 데도 고객 참여를 이끌어 냈다. 따뜻하고 편안한 내 집 같은 공간에서 파자마와 속옷을 경험해 보도록 만든 팝업스토어 공간은 더잠 만의 특별함을 경험해볼 수 있는 곳으로 기존 고객뿐만 아니라 신규 고객들까지도 불러모았다. 행사 기간에만 약 1억 원의 매출을 올렸다*.

재료를 특별하게

대학내일20대연구소에서 발표한 《MZ세대의 여가 생활과 자기개발 트렌드 보고서》를 보게 되면 MZ세대들은 건강 관리(72.2%)도 자기계발의 한 분야로 생각하는 것을 알 수 있다**. 건강과 운동에 관심이 높아지면서 먹는 것과 몸에 투자하는 제품에도 돈을 많이 쓴다. 비단 먹는 식품뿐만이 아니다. 뷰티 제품에서도 건강을 생각하면서 성분을 꼼꼼하게 따지는 소비자들이 늘어나고 있다. 최근에는 이를 겨냥한 화장품 성분 분석과 제품 리뷰를 제공하는 어플(화해)이 1,000만 다운로드를 돌파하기도 했다.

예전의 뷰티 제품은 광고 홍보만 잘해도 어느 정도 매

---

* 장명희, "더잠, 더현대 서울 팝업 스토어 매출 1억 원 기록", FETV, 2023.02.14

** "MZ세대의 여가 생활과 자기개발 트렌드", 〈대학내일20대연구소〉, (2021.2.24)

출이 올라갔다. 하지만 요즘은 제품에 포함된 착한(?) 성분이 특별함의 포인트가 된다. 자연주의, 천연, 식물성, 비건, 유기농 등 다양한 형태로 화장품 성분의 특별함이 고객을 끌어당기는 매력 포인트가 되고 있다.

식품에서도 차별화된 성분으로 다소 비싼 가격임에도 많은 팬을 거느리며 성장하고 있는 회사가 있다. 바로 연 매출 261억 원을 올리고 있는 그릭요거트 전문 브랜드 그릭데이가 그 주인공이다. 그릭데이를 만든 오종민 대표는 서울대 경영학과를 졸업한 후 대기업 금융 계열사에 입사했으나 회사 생활이 맞지 않아 금방 회사를 나와 창업의 세계에 뛰어들었다. 그릭요거트는 그가 회사를 그만두고 변변한 수입도 없이 이런저런 고민으로 3일 내내 라면만 먹다가 캐치한 아이템이었다. 사실, 처음에는 라면만 먹는 자신의 문제(건강)를 해결하고자 하는 것이 이유였지만, 시중의 요거트 제품이 당 함유량이 높고 첨가물이 많다는 것을 두고 많은 고객이 지적하는 것을 보고 그릭요거트가 창업 아이템이 될 수 있겠다고 생각했다.

처음에는 길거리에 좌판을 열고 판매를 시작했는데, 고객의 긍정적인 반응에 힘입어 이대 앞 3평짜리 작은 매장으로 옮길 수 있었다. 이후 이대생들 사이에서 입소문이 나면서 6개월 후부터는 줄을 서야 살 수 있는 매장이 되었다. 아시다시피 그릭요거트는 아침 대용이나 다이어트할 때 식사 대용으로 적합해 여대 앞에서 인기 있는 상품이었다. 그러다 보니 특별한 마케팅을 하지 않았지만 성분과 맛 그리고 여대생들의 SNS로 자연스레 홍보가 되었다.

이후 코로나를 만나면서 쿠팡, 마켓컬리 등의 온라인 쇼핑 플랫폼으로 진출을 서두른 결과, 꾸준히 매출이 증가하며 2023년 매출 261억 원을 달성하고, 2024년에는 롯데벤처스재팬으로부터 17.4억 원 규모의 투자까지도 유치했다.

오종민 대표는 자신의 문제에서 출발한 아이디어를 갖고서 그릭요거트 시장을 확인했고, 차별화된 성분으로 그릭데이의 두터운 팬을 만들었다. 지금은 단순한 요거트 제품이 아닌 그릭데이를 기반으로 라이프스타일을 전하는 브랜드로 리브랜딩하면서 MZ세대의 팬덤까지도 얻고 있다.

정리해보자. 고객들은 어떤 상품을 처음 만나는 순간부터 이 브랜드만의 독특함이 일관성 있게 유지되는지를 유심히 본다. 예전에는 제품이 그다지 차별화되지 않아도 광고를 잘 하면, 어느 정도 매출을 올릴 수 있었다. 그러나 지금은 (특히 MZ세대는) '구매'를 '경험'을 사는 행위라 생각한다. 나를 멋있고 빛나게 하는 것은 '소유'가 아닌 '경험'이기 때문에 고객들은 브랜드로부터 특별한 경험을 제공받기를 원한다. 경험은 제품을 전달하고 제품을 사용하고 재구매 여부를 결정하는 순간까지 끊임없이 따라다닌다. 그래서 요즘은 '고객 여정 관리'라는 말로 고객과의 관계를 챙긴다.

큰 회사는 고객 여정과 관련된 프로세스가 부서별로 나눠져 있어 일관성 있는 경험을 제공하기 어렵다는 단점을 갖고 있다. 하지만 작은 회사라면 이런 고민을 할 필요가 없다. 한 사람이 전체적으로 관리하면서 고객과의 소통을 더욱 밀착해서 관리할 수 있기 때문이다. 작은 기업은 이런 자신의 강점을 잘 활용해야 한다.

지금까지 우리의 찐이 무엇인지, 우리의 찐을 사랑해

줄 찐팬은 어떻게 만날 수 있는지 살펴보았다. 그리고 MVP를 만들고 고객을 한 방에 혹 가게 하는 치트키가 무엇인지, 제품을 선택하고 사용하는 전 과정에서 어떤 특별한 경험을 제공할 수 있는지도 확인했다. 이제 해볼 만한 실험(가설과 추론의 확인)은 다했다. 본격적으로 우리의 찐팬을 만나러(실행) 가보자.

2부

실행:
본격적으로 찐팬과 만나다

8
끌리는 메시지 만들기:
고객을 끌어당기는 전략(1)

누군가와 인간관계를 시작하거나 연애를 시작할 때 내 정보를 상대방과 나누는 일을 가장 먼저 한다. 나는 누구인지, 무엇을 좋아하고, 어떤 취향인지. 이는 상대방과 연결되는 단서에 해당한다. 그런데 만남의 자리에서 나의 잘난 점(특장점)만 잔뜩 나열한다면? 상대방은 지루해 하며 하품만 할지도 모른다.

마찬가지다. 광고로는 아무리 우리 제품의 좋은 점을 잔뜩 나열하더라도 고객이 쉽게 내 편이 되지는 않는다. 광고를 보고 또는 누가 추천해줘서 혹하는 마음에 한 번 정도는 연결될 수 있지만, 사전에 이런저런 채널로 고객과 연계되지 않는 한 쉽사리 찐팬은 되지 않는다.

앞서 우리는 팬과 연결되기 위해 무엇을 해야 하는지 알아봤다. 요약하자면 우리가 가진 "찐"을 정의하고, 경쟁력이 있는지를 파악하고, 우리의 찐을 알아봐 줄 팬이 누구인지 확인하고, 이들의 진짜 욕망과 이를 특별한 경험으로 돌려주기 위해 무엇을 해야 하는지 정하는 것이다.

이제 좀 더 세부적으로 "찐" 고객과의 커뮤니케이션 방법을 고민해보자. 어떤 메시지를 내보내야 고객이 반응하고 우리에게 매력을 느끼는지, 커뮤니케이션 메시지 작성법에 대해 알아보자.

창업 스토리는 신뢰를 주는 포인트

스타트업을 시작하는 분들을 보면 자신의 개인적인 경험이 창업 동기나 계기에서 결정적인 경우가 많다. 실제 자신이 겪었던 어떤 문제에 집착해서 창업을 결심하는 케이스다. 실버 케어 플랫폼 케어닥을 창업한 박재병 대표는 어린 시절 치매를 앓던 할머니와 중풍으로 투병한 아버지를 지켜보며 돌봄 서비스의 필요성을 절감하고, 요양 시설 중개와 프리미엄 간병인 중개를 해주는 케어닥을 창업했다. 유해 성분 없는 립스틱 율립의 원혜성 대표도 피부가 워낙 예민해 화장품 성분에 관심이 많았는데, 아이조차도 안심하고 쓸 수 있을 정도의 안전한 성분만으로 만든 유기농 립스틱이 없다는 것을 알고 직접 창업에 나섰다.

물론 그렇게 시작한 사업이 항상 성공하는 것은 아니다. 호기롭게 시작했지만 뜻하지 않게 피보팅(사업 아이템 전환)을 해야 할 때도 있다. 그럼에도 시작은 자신이 가졌던 불편한 문제를 기존 제품이나 서비스가 해결해주지 못하는 상태에서 "그러면 내가 만들리"라는 생각으로 시작한다. 이러한 창업 동기(왜 이 사업을 시작하게 됐는지)는 고객과의 커뮤니케이션에서 창업가나 회사의 진정성을 보여주는 중요한 부분으로 소비자들에게 신뢰를 제공하는 포인트가 된다.

실제 회사 홈페이지 등을 가보면 회사의 비전이나 미션 또는 회사를 소개하는 글에서 대표 자신이 느꼈던 문제와 그것을 우리는 어떤 식으로 해결한다는 식의 설명을 볼 때가 있다. 이런 창업 히스토리가 필수적으로 있어야 하는 것은 아니지만, 초기 스타트업이라면 언론 홍보 등을 통해서 혹은 홈페이지 같은 공간을 이용해서 자연스럽게 창업 스토리를 공개하는 것이 좋다.

온라인 공간이 따로 없는 소상공인이라도 매장 내의 잘 보이는 곳에 이런 이야기를 게시한다면, 방문 고객에게 좀 더 특별한 가게로 인식될 수 있다. "우리는 친정 어머니가 농사지은 고춧가루로 김치를 담급니다." 식당에서 많이 볼 수 있는 멘트 중 하나인데, 창업 스토리까지는 아니지만 좋은 재료에 대한 가게의 진정성을 보여주는 중요한 포인트다. 창업 히스토리든 식재료에 대한 히스토리든 고객에게 줘야 하는 것은 신뢰다.

브랜드의 시작은 서사에서

고객이 특정 브랜드의 팬이 되기까지의 길은 분명 단순하지만은 않다. 요즘 MZ 세대들 사이에서 인기 있는 티

출처. 김씨네과일 인스타그램 @kimsfruits

셔츠 '김씨네과일'은 다마스를 몰고 다니며 '산지직송 무농약' '힙합의 기본 라임' '정신 체리' 등의 문구를 끄적인 종이 박스를 두고 빨간색 과일 바구니에 티셔츠를 담아서 판매하는 것으로 유명하다. 자세히 보지 않으면 영락없는 과일 판매상처럼 보이는데 실제로는 과일이 아니라 과일이 그려진 티셔츠를 판매한다.

티셔츠 판매는 온라인 매장도 오프라인 매장도 없이

요즘 '힙 스팟'으로 자리잡은 성수동 한복판에서 시작됐다. 재미난 아이디어의 티셔츠 판매대를 보고서 MZ들이 사진을 찍어 SNS에 올렸고, 사진을 본 사람들이 주문을 하기 시작하면서 김씨네과일이 시작됐다*.

김씨네과일의 김도영 대표는 김씨네과일을 하기 전부터 힙합 팬들 사이에서 유니크한 굿즈 형태의 티셔츠 등 아이디어가 넘치는 제작자로 유명했다. 김 대표는 티셔츠를 단순히 옷으로 보지 않고 자신의 생각을 표현하는 예술의 영역으로 보았다. 여기에 독특하고 희소한 판매 방식까지 더해져 MZ들을 사로잡았다. 그 덕에 두터운 팬층까지도 생겼다. 여기에는 철저히 준비된 기획자의 계획이 있었다고 봐야 한다. 단순히 티셔츠를 판매하는 브랜드가 아니라, 예술을 입고 표현하는 브랜드로 김 대표의 예술적 시각과 철학을 함께 경험하도록 유도한 것이다. 이처럼 김씨네과일은 소비자에게 독특한 경험을 제공하며, 티셔츠 한 장을 통해 소비자가 예술을 입는다

* 소진영 기자, "과일바구니에 티셔츠? 전국의 20대가 애타게 찾는 그 티셔츠 장수의 정체는", 〈한국일보〉, (2022.6.27)

는 느낌을 준다.

브랜드 서사가 중요한 이유는 이처럼 소비자와 브랜드 간의 연결 고리를 만들어 주기 때문이다. 이러한 감정적 연결은 브랜드에 대한 강한 애착을 형성하고, 그 결과 브랜드의 찐팬이 되는 매개체가 된다. 브랜드 서사는 제품의 가치를 넘어서 브랜드 자체의 이야기를 전달하며 소비자들에게 강력한 인상을 남긴다.

우리만의 서사는 무엇인가?

뉴진스를 기획하고 성공시킨 민희진 대표가 유퀴즈에 나와서 이런 얘기를 했다.

"이 친구들이 어떤 그룹으로 보이는 게 장기적으로 좋을까, 고민하기 시작하면서 아티스트의 단기적인 방향보다는 첫 번째 음반은 이랬으면 좋겠고, 두 번째 음반은 이랬으면 좋겠다는 '장기적인 내러티브 구축'의 필요성을 느꼈어요. 그래서 이들의 최종 목표까지 일관성 있

는 구성을 생각하기 시작했어요." (tvN 프로그램 《유퀴즈
온더블럭》 133화 중)

아이돌 그룹의 탄생과 성장까지를 하나의 내러티브를
갖고서 하나부터 열까지 그 안에서 움직일 수 있게 장기
플랜을 세운다는 것은 당시 타 기획사들이 아이돌을 데
뷔시키는 것과는 다른 접근법이었다. 이러한 방식은 K팝
을 세계적 반열에 올린 BTS와 비슷했다.

꼭 유명 아이돌이나 자본력이 튼튼한 브랜드는 아니
더라도 누구나 자신의 가치를 잘 설명할 수 있는 서사
는 필요하다. 단순히 홈페이지 게시글 하나로 표현될 수
도 있지만, 이왕이면 서사를 확장해 제품의 라인업으로
이어지는 이야기를 만들거나 제품이 노출되는 공간으로
확장해 자신만의 세계관으로 만드는 것이 중요하다.

배달의민족의 첫 출발은 IT 기업에서 일하는 막내들
의 페인 포인트에서 출발했다. 보통 야근을 할 때 막내들
이 메뉴를 모아 주문을 하는데, 그럴 때마다 검색을 하고
전화를 하고 가격을 묻는 번거로움이 컸다. 그러다 보니
매번 시켜먹는 곳에서만 주문을 했다. 막내들이 선배들

로부터 편하게 주문을 받고 바로 가게로 연락할 수 있도록 자체 앱을 만든 것이 지금의 배달의민족이 되었다. 시작은 결국 자신들의 문제 해결이었다.

이 책을 읽고 있는 독자라면 이 대목에서 내가 팔고 홍보하는 물건의 서사는 무엇인지 생각해볼 필요가 있다.

고객이 얻는 혜택과 스토리의 결합

이제 본격적으로 우리 브랜드를 찾은 고객들에게 어필할 수 있는 방법을 고민해 보자. 누구나 잠재 고객이 광고나 검색으로 우리 웹사이트를 방문했을 때, 사이트 방문으로만 끝나길 바라진 않고, 여기 저기 클릭도 해보고 회원 가입도 하고 나아가 구매까지 해줄 것을 바란다. 오프라인 매장도 마찬가지다. 그냥 쓱 둘러보고 나가기보다는 이왕이면 작은 소품 하나라도 사갔으면 한다.

『무조건 팔리는 카피』라는 책을 보게 되면 "카피에 대해 한 가지만 배운다고 한다면 그 한 가지는 바로 특징보다는 혜택을 강조하는 방법이다"라고 말하는 부분이 나온다. 흔히 하는 착각 중 하나가 특징을 혜택으로 생각하는 것이다. 특징은 '다른 것에 비해 눈에 뜨이는 어떤 것'이다. 하지만 눈에 뛴다는 시선의 출발은 공급자로부터 시작되지 고객에게서 나오는 것은 아니다. 즉, 혜택은 아니라는 것이다.

고객은 공급자가 얘기하는 특별함 보다는 제품으로부터 얻게 되는 자신의 이익에 더 큰 관심을 둔다. 제품을 통해 얻는 고객의 이익은 회사 입장에서 '왜 지금 우리를 선택해야만 하는가?'의 답과도 같다. 그런데 컨설팅을 하면서 이 질문을 동일하게 대표나 담당자들에게 해보면 쉽게 답하지 못할 때가 많다. 고객으로부터 듣고 싶은 얘기보다 내가 하고 싶은 얘기가 더 많기 때문이다. 그래서 대부분은 고객이 얻는 이익 대신 제품의 장점 나열에 몰두한다.

잠시 우리 SNS나 블로그를 점검해보자. 고객이 얻을 혜택을 더 강조해서 표현했는지, 우리 제품의 좋은 점 나열에 더 신경을 썼는지. 만약 후자라면, 이제라도 특장점이 아닌 고객에게 줄 수 있는 잇점이 무엇인지 진지하게 생각하고 이를 표현하고 답을 생각을 해야 한다.

아이폰을 예로 들어 보자. 나는 2009년부터 지금까지 아이폰만 사용하고 있다. 아이폰만 계속해서 쓰는 이유는 무엇일까? 처음 아이폰과 만났을 때 디자인에 먼저 눈이 갔다. 군더더기가 하나 없는 심플한 디자인에 고급스러움이 잘 느껴졌다. 어떤 기능적 우수성이나 창조성보다는 심미적 만족감이 더 컸다. 그리고 이런 생각은 이후 거듭되는 제품 구입으로 확고히 굳어졌다. 팬심이라는 게 내 마음속에 자리 잡은 것이다. 이때부터는 어떤 기능이 더 업그레이드되고 좋아졌는지 굳이 애플이 떠들지 않아도 스스로 찾고, 아이폰을 사용하는 유저끼리 그러한 기능을 공유하고 익히려 했다.

좋은 경험을 한 후, 팬이 되기 시작하면 브랜드의 좋은 점만 보려고 하는 일종의 확증 편향이 생긴다. 내가 쓰는 제품인데 단연코 1등이어야 나의 안목이 틀리지 않은 게 되는 것과 같다. 그러니 굳이 내가 특장점을 강조하지 않아도 고객은 이미 스스로 찾아서 엄지 척을 하게 되어 있다.

고객이 우리 제품의 어떤 부분을 가장 큰 혜택으로 볼지를 잘 생각해보자. 그리고 우리의 진정성이 담긴 창업

스토리로 홈페이지를 꾸미거나 광고 소재로 활용한다면 고객들은 좀 더 가깝게 우리의 "찐"을 느낄 것이다. 결과적으로 좀 더 확신을 가지고 우리 제품을 선택할 수 있다.

고객의 관심 끌기

홍보 문구를 만들거나 상세페이지 만드는 것을 생각해 보자. 무엇이 가장 중요할까? 당연히 헤드라인과 리드 문구다. 이를 두고 헤드카피라고도 말한다. 헤드카피의 존재 이유는 짧은 시간 안에 고객의 시선을 끄는 것이다.

유튜브나 요즘 유행하는 숏폼에서는 단 3초 안에 클릭하도록 유도해야 한다. 그래서 소위 '어그로'(관심과 분란)를 끌 수 있는 썸네일과 키워드를 많이 사용하기도 한다. 헤드카피도 최대한 짧은 순간 고객의 선택을 받을 수 있는 문장과 기억하기 쉬운 단어를 쓴다.

소리 없이 세상을 움직입니다 – 포스코
길을 만들다 – 현대 엘리베이터

어디까지 가면 미래일까 – 소니

여행은 살아보는 거야 – 에어비앤비

정직한 가격, 독일산 면도날 – 와이즐리

장보기를 새롭게, 퀄리티 있게 – 마켓컬리

금융이 쉬워진다 – 토스

누구나 예쁜 집에 살수 있어 – 오늘의 집

위에서 사용된 헤드카피들은 고급스러우면서 브랜드의 정체성을 잘 이끌어 주는 문장이다. 위의 예시 문장들은 전문 광고 회사에서 만든 거라 그런지 하나같이 멋지다. 하지만 전문가의 도움 없이 작은 회사가 직접 광고의 헤드라인을 이 정도로 우아하게(?) 뽑아내기란 쉽지 않다. 조직 내에 카피라이팅 능력이 있는 마케터가 있다면 모르겠지만, 모든 조직이 그럴 순 없다. 좋은 카피 쓰기에 대한 자신이 없다면, 정직함이 최고다. 우리가 고객에게 줄 수 있는 혜택을 나열해 보고 그 중 상위에 해당되는 것을 뽑는다. 그런 다음, 너무 기교를 부리지 않고 이것들을 조합해 문장으로 만들면 된다.

상세페이지를 만들거나 광고를 할 때는 첫 문장, 첫

단어에서 잠재 고객을 붙잡아야 하는데 이때 '호기심' '공감' '신뢰' '욕구' 등을 통해서 관심을 끌어야 한다. 즉, 궁금증을 일으키는 제목으로 다음 내용이 궁금해지도록 하거나, 당신의 불편함과 어려움을 나도 알고 있다는 식의 공감을 만들고, 믿을만한 사람의 이야기로 신뢰감을 높이고, 잠재된 욕구를 이끄는 메시지를 타겟에 맞게 내놓으면 된다.

어느 시각 장애인이 "저는 눈이 보이지 않습니다. 도와주세요"(I am blind. Help me.)라는 보드를 앞에 두고 구걸하는 해외 영상을 우연히 본 적이 있다. 안타깝게도 아무도 바구니에 돈을 넣지 않았다. 그런데 잠시 후 어느 소녀가 보드 뒷면에 다른 문구를 써서 주었다. 그 후 신기하게도 많은 사람들이 바구니에 돈을 넣기 시작했다. 바뀐 문구는 이랬다. "아름다운 날입니다. 하지만 저는 볼 수가 없습니다"(It's beautiful day. but I can't see it.) 눈이 보이지 않는 상황을 어필하는 것은 똑같지만, 이를 기부하는 사람 입장에서 좀 더 공감하도록 만든 문구였다.

이처럼 우리 제품 특징을 기업 입장에서 제공하는 것이 아니라, 고객 입장에서 관심을 끌 수 있게 다양한 방법으로 문장을 직접 만들어 보는 것이 필요하다. 이점이 끌리는 메시지를 만드는 중요한 포인트다. 다시 한번 강조하지만, 특장점은 제품을 만드는 사람 입장에서 멈춘 것이지만 고객에게 주는 이점과 혜택은 거기서 한발 더 나아가는 것임을 잊지 말자.

행동을 촉구하는 단어, 문장

매력적인 문구만큼이나 중요한 것은 광고가 마치 내 얘기를 하듯(내 인생을 엿본 듯) 내가 안고 있는 문제나 사정을 너무 정확하게 표현할 때다. 마치 '어떻게 알았지? 나의 문제를?' 그런 기분을 고객이 느껴야 눌러보게 된다. 하지만 무조건 타겟팅이 잘 된다고 해서 광고를 클릭하지는 않는다. 한 가지가 더 있어야 한다. 기존에 갖고 있던 것보다 이 광고를 클릭했을 때 좀 더 나은(큰) 것을 얻을 수 있다는 생각이 들어야 한다. 그것은 가격이 될 수도 있고, 특별한 재료를 사용했다는 것이 될 수도 있다. 생생한 고객 후기로 만들어진 광고에 반응하는 경우도

'정말 저런 효과가 있다고?' 할 정도로 큰 이익이 후기를 통해 드러날 때 한 번 더 쳐다보게 된다.

SNS의 경우 직접적으로 '구독' '좋아요' 같은 반응을 이끌어 내는 문구도 필요하다. "궁금한 것은 프로필을 확인하세요" "댓글로 질문을 남겨주세요" "팔로우 하시면 더 좋은 정보를 볼 수 있습니다"처럼 직접적인 반응을 유도하는 문장을 넣는 것도 효과적이다.

한정된 가격 할인 기간, 남은 재고 수량, 지금이 아니면 놓칠 수 있는 혜택을 강조하는 것도 방법이다. 긴급의 느낌을 강조하는 '지금' '오늘만' 등의 단어도 좋다. 이런 단어들은 행동을 직접 유도하는 의도가 있고, 실제로 이런 단어를 넣지 않은 것보다 더 많은 행동을 이끌어 낸다. 다양한 문구로 A/B 테스트를 하면서 점점 더 좋은 문구를 찾는 것도 효율적인 방법이 된다.

랜딩 페이지의 관심을 끝까지 유지하기

클릭해서 도착한 곳은 랜딩 페이지다. 랜딩 페이지는 회원 가입이나 구매를 할 수 있는 고객이 보는 최종 페이지다. 최종인 만큼 어떻게 구성하고 메시지를 전달하느냐에 따라 전환율은 달라진다.

랜딩 페이지의 핵심은 고객의 관심을 최대한 유지하도록(스크롤을 끝까지 내릴 수 있도록) 붙잡는 것이다. 요즘은 랜딩 페이지를 엄청나게 길게 만들다 보니 맨 위의 핵심 내용을 고객이 끝까지 기억할 수 있게끔 끝에서 한 번 더 반복하는 수미상관(맨 위와 맨 끝을 같은 형식이나 표현으로 마무리하는) 기법을 이용한다. 이렇게 하면 고객이 상품 설명을 보는 중 잠깐 다른 생각을 하더라도 이내 다시 기억하는 효과를 얻을 수 있다.

하지만 이렇게 고심하고 잘 만든 랜딩페이지라 할지라도, 고객과 이별하는 경우가 대부분이다. 이커머스의 평균 전환율이 겨우 2% 정도라는 현실은 이 일이 얼마나 어려운 일인지 잘 알려주는 대목이다. 마치 여러 가게들이 모여 있는 쇼핑몰에서 특정 가게로 들어오도록 유도하는 것과 같다. 그러려면 쇼윈도우에 걸려있는 옷이 내 취향이거나 보기만 해도 가슴이 두근거리는 브랜드이어야 한다. 그렇지 않고서는 누가 손목을 끌고 들어가지 않는 한 내 발로 들어가기가 쉽지 않다. 랜딩 페이지까지 온 고객이 실제로 구매를 하고 이후 재구매까지 하려면, 고객 취향에 맞는 제품은 물론이고 심리적으로 고객을 유도하는 요소들이 잘 버무려져야 한다.

처음부터 한 번에 정답을 찾기는 힘들다. 계속해서 수정하고 반응을 보고, 다시 수정하고 반응을 보고, 이러한 과정을 수차례 거치는 수밖에 없다. 그러면서 적중률을 높여가야 한다.

정리해보자. 끌리는 메시지는 우리만의 서사에서 비롯된다. 창업 동기나 우리가 쓰는 특별한 재료 등에서 찾을 수 있다. 그런 메시지는 고객의 이익과 결합되어야 한다. 우리 제품의 특장점이 아니라 고객에게 더 높은 가치로 다가오는 이익(편익)에 대해 잘 설명하고 이를 멋진 헤드카피로 유혹해내는 것이 핵심이다. 하지만 이런 일이 자신 없다면 그냥 솔직하고 정직하게 어떤 점이 당신에게 도움이 될 것이다, 이렇게 말하는 것이 더 낫다. 그런 다음 고객의 반응을 보면서 조금씩 수정해 나가면 된다. 그렇게 업그레이드해나가는 수밖에 없다. 이렇게 만

든 메시지로 고객을 끝까지 잘 붙들고 있다가 구매전환
까지 성공시켜 보자. 랜딩 페이지도 이런 흐름으로 구성
되어야 한다.

9
메시지 통로가 되는 채널 정하기:
고객을 끌어당기는 전략(2)

온라인 마케팅이 붐을 이룰 때는 광고 효율을 높이는 노하우가 주목을 받았다. 특히 구글(유튜브)이나 페이스북(인스타그램), 네이버 같은 채널 안에서 어떤 식으로 광고를 집행해야 효율이 나는지, 제품 성격상 어디에 광고를 하는 것이 더 많은 클릭을 유도하는지 등을 따지던 때가 있었다(지금도 중요하지 않다고 말하긴 어려울 것 같다). 이를 '퍼포먼스 마케팅'이라고 한다. 그런데 최근에는 작은 기업들이 이런 매체들을 이용해 성과를 내기가 쉽지 않다. 클릭당 비용이 지속해서 상승하고 있고 전환 비용 즉, 총 광고비를 전환 수로 나눈 값 또한 크게 상승하고 있기 때문이다.

구글 파트너사인 워드스트림이 2023년 4월에서 2024년 3월까지 총 17,000개 이상의 캠페인을 분석한 결과를 보면, 구글 광고의 평균 클릭 비용이 연간 60% 상승했고, 전환 비용은 약 20% 상승한 것으로 나온다. 광고의 효율이 낮아지고 있다는 뜻이다. 또한 웹사이트 쿠키 정보 또한 사용자의 동의 없이 수집되는 것이 어려워지면서 소비자의 행동 데이터를 기반으로 한 타겟팅 광고가 점점 어려워지고 있다.

퍼포먼스 마케팅에서는 전환을 이끌어 내는 것이 가장 중요하다. 하지만 전환 단가와 클릭당 광고 비용이 지속적으로 상승하고 있는 분위기라면 효율을 맞추기가 무척 어렵다. 내가 컨설팅했던 기업 중 '문의하기'를 구매 전환으로 설정했던 기업의 경우 평균 전환 비용이 2만 원 대였다. 그리고 뷰티 업종은 경쟁이 치열하여 3~4만 원 대까지 나오는 것도 보았다. 이런 상황에서 저가 제품을 광고하는 것은 광고비 대비 수익을 낮추는 것으로 오히려 마이너스가 된다.

비싼 광고를 한다고 해서 모든 것이 좋을 수 없고, 광고 반응이 좋다고 해서 수익을 내는 것도 아니다. 그래서 광고 진행 여부에 대해서는 항상 신중하게 고민하고 결정해야 한다. 그리고 브랜드를 사랑하는 팬을 만드는 것은 광고로 만드는 것이 아님을 반드시 기억해야 한다.

트리플 미디어의 시대

광고 효율을 높이기가 점점 어려워지는 상황에서 고객과의 접점이 발생하는 다양한 채널의 특성을 파악하고 이를 믹스하여 효율적으로 운영하는 전략이 더욱 중요해졌다. 바로 트리플 미디어 전략으로 온드미디어(Owned Media), 언드미디어(Earned Media), 페이드미디어(Paid Media)다.

온드미디어는 기업이 소유한 자사의 웹사이트, 블로그, 소셜미디어 채널, 영상 채널, 뉴스레터 등을 말한다. 온드미디어는 기업이 모든 메시지를 기획해서 만들고 고객과 직접 소통한다. 반대로 언드미디어는 기업이 아닌 제3자가 소유한 미디어를 기반으로 확산되는 정보다. 고객들이 자신의 SNS나 블로그에 리뷰를 남기면 자연스럽게 바이럴 되는 것을 말한다. 이때는 고객들이 알아서 리뷰를 남겨줄 수도 있지만, 우리가 일정 사례를 주고 리뷰 남기는 걸 유도할 수도 있다. 언론사를 통한 회사나 제품 소개 같은 PR도 언드미디어에 해당한다. 인플루언서에 협찬하는 형식이나 커뮤니티에 홍보하는 활동도 여기에 해당한다. 페이드미디어는 기업이 비용을 지불하고 집행하는 광고를 말한다. 네이버나 구글, 메타, 카카오에 집행하는 광고부터 TV, 버스, 라디오, 지하철 광고 등 특정 공간을 빌려 광고를 게재하는 채널이다. 이 세 개 미디어 중 우리가 집중해야 할 곳은 어디일까?

찐팬 연결을 위해 온드미디어는 필수

세 가지 미디어 중에서 브랜드 팬을 만들기 위해서는 온드미디어가 가장 중요한 매체다. 페이드미디어는 메시지 전달에 한계가 있고 지면에도 한계가 있다. 언드미디어는 애초에 우리 목소리가 아니기 때문에 우리 색채를 넣을 수 없고 스토리를 담기에도 한계가 있다. 온드미디어를 기반으로 메시지를 만들어야 고객과 지속적인 소통이 가능하고 우리가 갖고 있는 모든 것을 표현할 수 있다.

우리의 색채를 넣는다는 것은 우리의 찐을 우리의 '스토리'로 만들어서 우리의 '색깔'로 표현하는 것이다. 이것이 마케팅 전략에서 먼저가 되어야 한다. 운영하기 쉽다고 먼저 외부의 소리 즉, 인플루언서나 체험단 위주로 운영하게 되면 우리가 가진 것을 잘 풀어내기 전에 외부 반응에 의존하는 문제가 발생한다. 우리가 가진 것을 가장 잘 표현할 수 있고, 고객이 찾아오기 쉬운 미디어를 통해서 소통하는 것이 온드미디어의 역할이다.

어떤 브랜드 혹은 제품의 팬이 된다는 것은 연애 과정과 비슷하다. 연애를 누군가를 거쳐서 할 수는 없다. 직접 만나고 소통하는 관계가 되지 않는 이상 사귄다고 할 수도 없다. 광고를 통해서 소개받은 고객이 나에게 직접 연락해오는(브랜드의 온드미디어를 방문하는) 일이 없다면 고객이 될 수는 있지만 팬이 될 수는 없다.

그리고 온드미디어는 브랜드 스토리를 알리고 고객과의 소통 공간이라는 원래의 목적 외에도 검색 엔진 최적화를 통해서 지속적인 유입 채널의 기능도 수행해야 한다(검색 최적화에 대해서는 다음 장에서 자세히 다룰 예정이다).

여러 온드미디어 중에서 우리는 어떤 채널 운영을 우선적으로 고민해야 할까? 정답은 없다. 회사의 운영 자원과 타겟 고객의 특징 등을 고려해서 선택하면 된다. 작은 기업이라면 처음부터 이 채널 저 채널 여러 개를 만들기보다 하나씩 만들고 확장시켜 나갈 것을 추천한다. 이어지는 글에서는 채널별 특징을 살펴보겠다. 우리와 어떤 채널이 잘 맞을지 검토해볼 수 있으면 좋겠다.

콘셉트와 비주얼, 소통 중심의 인스타그램

국내 SNS 이용자 중 인스타그램 사용자 추이는 지속해서 상승 중이다. 대한민국 스마트폰 사용자의 40% 정도가 인스타그램을 이용하고 있다. 아이지에이웍스(데이터 분석 회사) 자료에 따르면 연령별 사용자 수에서도 양극

화를 보이고 있는데, 30대 이하에서 인스타그램 사용자가 압도적으로 많은 것으로 나온다.

플랫폼 별로 광고 소비 행태도 달랐다. 오픈서베이(온라인 기반 소비자 조사 기관)에서 발표한 《소셜미디어 검색 포털 트렌드 리포트 2023》에 따르면, 유튜브 이용자는 '주의 깊게 보는 광고가 없다'라고 응답한 비율이 가장 높았지만, 인스타그램 이용자는 광고를 주의 깊게 본다는 응답을 많이 했다. 그리고 틱톡의 경우에는 연예인이나 인플루언서를 통한 간접 광고(제품 협찬)를 주의 깊게

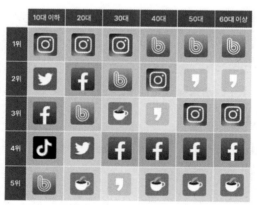

연령별 사용자 수 TOP 10
(자료. SNS 앱 트렌드 리포트, 아이지에이웍스 블로그, 2023.3.28)

본다는 의견이 많았다.

MZ세대를 주 타겟으로 하는 기업이라면 가장 트렌디하게 운영해야 하는 미디어가 인스타그램이다. 30대 이상 연령층에서도 인스타그램 사용이 계속 증가하는 추세라 이를 기반으로 콘텐츠 운영과 광고를 기획하는 것이 지금으로서는 최상의 선택이다. 인스타그램 알고리즘은 계정의 사용자 연결과 활동을 중심으로 노출된다. 다른 채널 운영도 비슷하겠지만 최종 목표는 이용자들이 인스타그램에서 더 '많이' 더 '자주' 들어오도록 하고 더 '오래' 머물도록 하는 것이다. 타겟층과의 관계 형성(팔로우를 늘리고 좋아요, 저장을 늘리는)을 목적으로 이들이 반응할만한 콘텐츠를 기획하고 운영한다면, 그 자체가 미디어가 되어 어느 광고 플랫폼보다 강력한 매체로 역할을 할 수 있다. 최근에는 인스타그램 자체를 홈페이지처럼 사용하는 예도 많다.

2023년 5월 인스타그램의 대표 애덤 모세리가 직접 발표한 인스타그램의 알고리즘에 따르면 피드, 스토리, 탐색, 릴스 모두 '나의 관심사'와 '계정의 콘텐츠 정보'(프로필 설정의 소개 글은 물론이고 내가 올리는 콘텐츠 내용까지)

나의 활동	나의 관심	게시물 정보	계정 인기
나의 좋아요, 공유, 저장, 댓글	반응을 토대로 관심사 연결	제작한 피드 릴스 스토리	내 계정에 대한 노출 도달 반응

인스타그램 알고리즘 정리

그리고 인기를 바탕으로 노출 순위가 결정된다고 했다. 즉, 내가 게시물에 좋아요, 공유, 저장, 댓글을 남기는 행동을 하나의 시그널로 보고 이를 데이터화하고, 내가 만들어내는 콘텐츠가 얼마나 인기가 있는지도 데이터화 한다는 것이다. 그리고 내가 생산하는 콘텐츠가 어떤 내용인지도 매우 중요한 시그널로 저장한다.

예를 들어, 인스타그램 운영 노하우를 콘텐츠로 만들고 있는 A계정을 관리한다고 생각해보자. 먼저 인스타그램 운영 팁을 올리고 있는 벤치마킹할만한 계정을 찾는다. 그리고 그 계정에 올려진 콘텐츠에 댓글을 단 분들을 찾아가서 그 분들 계정에 댓글을 단다. 즉, 내가 운영할 콘텐츠에 대해서도 관심을 줄 수 있는 상대를 찾아서 액션을 취하는 것이다. 이렇게 하면 내가 운영하는 채널(A계정)에 관심을 가질 수 있는 분과 연결이 된다. 이제 인스타그램 운영 팁에 대한 콘텐츠를 릴스와 피드로 발행하면 기존에 이런 콘텐츠에 관심이 있던 분들에게 노출된다.

잠재 고객 즉, 우리가 만드는 콘텐츠에 관심을 가질 고객을 인스타그램으로 찾아오게 하려면 우리의 페르소나 고객이 관심을 갖는 주제를 찾고, 그 주제를 이미 운영하는 다른 경쟁 계정들을 벤치마킹한 다음 유사 콘텐츠를 만들고 경쟁 계정에 발자국을 남기는 등 잠재 고객과 연결되는 행동을 진행해야 한다. 그리고 예전에는 해시태그가 매우 중요한 역할을 했지만, 이제는 피드나 릴스에 쓰는 캡션 내용이 더 중요한 역할을 하기 때문에 이미지나 영상 제작 못지않게 함께 올리는 텍스트 내용에도 심혈을 기울여야 한다.

이용자들은 결국 자신에 도움이 되는, 나중에 다시 이곳을 방문해도 뭔가 얻을 게 있다고 판단되는 계정을 팔로우를 하게 된다. 그래서 포스팅할 콘텐츠를 시리즈로 이어지도록 기획하면 운영하는 것도 수월하고 팔로워도 늘어난다.

초기 마케팅을 할 때는 고객 한 분 한 분에 일일이 반응하고 댓글에도 응답하면서, 자사의 핵심 가치에 부합하거나 관심을 줄 수 있는 고객을 하나씩 찾아 나서야 한다. 이때 비슷한 업종의 다른 회사 계정 등도 살펴서 어떤 콘텐츠에 반응하는지 체크해두면 향후 포스팅 기획에도 많은 참고가 된다. 그리고 그렇게 콘텐츠를 올리다 보면, 어느 순간 팔로워가 증가하고 릴스나 피드의 노출이 증가하는 운도 맛 볼 수 있다. 최근에는 인스타그램이 릴스를 전략적으로 밀면서 숏폼 콘텐츠를 잘 운영하는 것이 팔로워를 빠르게 늘리는 방법이 되고 있다.

인스타그램을 잘 운영하는 사례로 인테리어 플랫폼 오늘의집이 자주 언급된다. 오늘의집 인스타그램 팔로워는 131만 명이 넘는다. 어마어마한 광고비를 인스타그램 계정 하나로 세이브하는 셈이다. 주 이용자층인 25~35세 젊은 여성층의 주 관심사인 자취, 결혼 등의 이슈에 맞춰 원룸 형태의 자취방과 10~20평대 신혼집 사진 등을 인스타그램에서 계속 노출한다. 평수와 건물 형태 등의 정보를 함께 보여주면서 누구나 이렇게 아름답게 내 방을 꾸밀 수 있을 것 같은 피드를 계속 게시한다.

유튜브와 블로그를 기반으로 지식 콘텐츠를 생산하던

30~40대 크리에이터들과 작은 기업들도 최근 대거 인스타그램으로 넘어오는 추세다. 블로그와 유튜브에서보다 더 빠른 반응을 얻을 수 있기 때문이다. 그리고 콘텐츠 제작도 한 두 장의 이미지나 영상으로 릴스로 만들고 캡션에서 자세한 내용을 설명해 주는 방식이면 충분하기 때문에 제작이나 운영도 간단하다. 그리고 댓글에 특정 키워드를 입력하면 DM으로 자료를 자동으로 전달하는 매니챗(ManyChat) 같은 툴을 이용할 수도 있다.

매니챗은 인스타그램 DM(Direct Message)과 같은 메신저 플랫폼을 활용하여 고객과의 소통을 자동화하고 비즈니스 운영을 효율적으로 돕는 챗봇 마케팅 도구로, 주요 기능으로는 팔로워가 특정 키워드를 포함한 댓글을 달거나 메시지를 보낼 때 자동으로 응답하도록 설정하는 자동 응답 설정, 고객 맞춤형 (예약)메시지 발송, 메시지 발송 후 고객의 행동 데이터 분석 등이 있다(매니챗 사용법은 유튜브에서 검색해 보면 쉽게 얻을 수 있다).

인스타그램의 또 다른 강력한 기능 중 하나가 바로 라이브 방송('라방')이다. 작은 기업이 고객과 직접 소통하는 일이 쉽지 않은데 인스타 라방을 통하게 되면 고객과 신뢰를 쌓으면서도 팬 미팅 같은 오붓한 자리를 만들 수 있다. 실제 작은 기업의 많은 대표들이 라방에서 고객들과 직접 소통하면서 신제품을 설명하는 장면을 많이 보여준다. 라방은 현장에서 고객의 목소리를 직접 청취할 수 있다는 장점과 회사와 브랜드를 더욱 친밀하게 느끼는 계기를 마련해줄 수 있다. 대표의 진정성, "찐"을 볼 수 있어서 찐팬을 만드는 중요한 기회가 되기도 한다.

최근에는 오프라인 매장들도 인스타그램을 기반으로 마케팅을 강화하고 있다. 학원이나 카페, 식당을 하시는 분들도 제품이나 핵심 서비스를 릴스나 사진을 이용해 피드로 올린다. 학원이나 카페의 주요 콘텐츠는 뭐가 될까? 영어 학원이라면 우리가 잘못 알고 있는 영어 표현을 하나씩 알려준다거나 실제 수강생들의 말하기 수업 영상을 보여줄 수 있다. 학원이 갖고 있는 특별한 점을 콘텐츠로 만들어 보여주고, DM으로 바로 상담을 진행할 수 있다. 그리고 카페는 이미지가 중요하다. 디저트와 커피, 카페 분위기를 매력적으로 전달하는 것이 중요한데, 예를 들어 카페 로고가 특정 색깔을 갖고 있다면 이런 걸 잘 이용해보는 등 다른 카페와 차별화된 이미지 전략을 쓰는 것이 중요하다. 최근에는 대형 카페가 많아지면서, 지역 기반으로 검색해서 찾아오는 경우가 많아졌다. 반드시 위치 정보를 넣고, 태그에도 지역명, 카페의 특징을 보여줄 키워드 등을 넣어야 한다.

김포와 제주에서 카페를 운영하는 J카페의 경우 커피 원재료에 진심인 곳이다. 즉, 재료에 대한 "찐"을 갖고 있다. 이 카페는 원재료를 강조하는 사진, 직접 로스팅하고 블랜딩한 커피 이미지를 인스타그램으로 많이 올린다. 커피를 좋아하는 분들이라면 이런 곳을 팔로잉하고 있다가 그 지역에 갈 일이 있을 때 꼭 방문해본다. 카페는 맛과 향, 분위기 등 경험 자체가 중요한 홍보 포인트가 되는 만큼 우리 카페만이 가진 특별한 오감을 담는 포스팅이 중요하다.

검색어와 콘텐츠를 기반으로 한 블로그

과거에는 블로그가 일종의 SNS 개념으로 운영되었지만, 최근에는 이러한 역할을 인스타그램이나 페이스북이 담당하면서 블로그의 역할은 점점 축소되는 듯한 분위기다. 하지만 미국의 B2B 전문 데이터 분석 회사인 디맨드 매트릭스의 리서치 결과에 따르면, 기업에서 블로그를 운영할 경우 그렇지 않을 때보다 평균 67% 정도 더 많은 잠재 고객을 유입할 수 있다고 한다. 대신 이전과는 조금 더 다르게 운영될 필요가 있다.

무엇보다 잠재 고객의 '검색'에 초점을 맞춰 운영하는 것이 좋은 방법이다. 즉, 고객들이 검색 엔진에서 브랜드와 연관 키워드를 검색했을 때, 검색 결과물로 우리 블로그의 콘텐츠가 노출되도록 하는 것이다. 이를 '검색 최적화'라 한다. 블로그 콘텐츠는 검색 최적화의 과정을 의식해 잠재 고객들이 검색할 키워드를 뽑고, 이를 중심에 놓고 콘텐츠를 기획하는 것이 중요하다.

필자가 컨설팅했던 작은 회사들은 대부분 블로그를 보유하고 있었지만 검색 최적화에 맞추기보다는 단순하게 회사의 공지나 뉴스를 올리는 수준으로 운영하고 있었다. 블로그에 담아야 하는 콘텐츠는 검색 최적화를 위한 수단이면서도 고객들과 소통하는 목적도 충족해야 한다.

지금부터는 블로그에 적용 가능한 검색 최적화 방법을 설명하고자 한다. 검색 최적화의 첫 단추는 키워드를 리서치 하는 작업부터다. 블랙키위(blackkiwi.net), 판다랭크(pandarank.net), 키워드마스터(whereispost.com/keyword) 등의 검색어 분석 툴과 네이버 광고(searchad.naver.com)의 키워드 도구 등을 이용해서 우리 브랜드(제품, 서비스)와 관련된 키워드를 먼저 검색한다. 이곳에서 카테고리 키워드나 브랜드 키워드를 검색해 보면 이용자들이 함께 검색했던 연관 키워드를 같이 추천해 준다. 이런 키워드를 리스트업 하고, 해당 키워드가 얼마나 경쟁이 치열한지도 파악한다. 블랙키위나 판다랭크 등에도 경쟁도가 나와 있기는 하지만, 나는 대체로 중요한 키워드들은 직접 네이버에 검색을 해보는 편이다. (더 자세한 키워드 선정 방법은 다음 글 "검색 최적화"에서 자세히 설명했다.)

앞에서도 한 번 설명한 바 있지만, 대표 키워드는 일종의 카테고리를 나타내는 키워드라 보면 된다. '여성 의류'라는 카테고리 안에는 다양한 분류가 있는데, '원피스'는 여성 의류 중 하나로 대표 키워드가 될 수 있다. 원피스를 꾸며주는 '봄 원피스' '롱 원피스' '체크 원피스' '하객 원피스' 등으로 추가적인 검색 의도가 플러스 된 것이 세부 키워드다. 대표 키워드는 당연히 검색도 많이 되고 이 키워드를 선점하려는 경쟁도 치열하다. 그 아래 세부 키워드는 이보다는 경쟁이 조금 낮다. 대표 키워드와 세부 키워드가 적절하게 섞어 키워드 리스트를 만들고 이를 포함하는 콘텐츠 계획을 세우는 것이 현실적이다. 키워드가 포함된 제목을 우선 정해두고 짜면 좀 더 쉽다.

컨설팅했던 기업 중 B2B 대상으로 모바일 앱을 개발해 주는 회사가 있었다. 당시 회사는 블로그를 운영하고 있었는데, 자신들이 만든 앱 포트폴리오를 그대로 올려놓는 등 홍보성 글만 잔뜩 있었다. 이 회사의 타겟 고객은 앱을 만들고자 하는 작은 기업으로 이제 막 창업을 했거나 창업 준비를 하면서 앱 개발의 필요성을 느끼고 이 문제를 해결하고자 하는 기업이다. 이들은 '앱 개발' '기술 창업' 같은 키워드를 주로 검색하겠지만, 이런 키워드는 여러 경쟁사들이 확보하고 있다. 후발 주자라면 검색 상위 노출을 위한 광고 상품을 사지 않는 이상, 해당 키워드로 콘텐츠를 만들어도 노출이 쉽지 않다. 이때는 세부 키워드에 해당하는 '초기 창업' '청년 창업' '앱 개발의 단계' '앱 개발에서 필요한 것' 같은 것을 조합해서 이제 막 사업을 하려는 분들 입장에서 어떤 어려움을 만날 수 있으며 앱이 있음으로써 어떻게 극복할 수 있는지 등을 소개하는 콘텐츠를 만드는 것이 더 낫다. 이처럼 처음에는 경쟁이 너무 치열한 대표 키워드보다 세부 키워드부터 공략해서 콘텐츠를 기획하는 것이 중요하다.

블로그 운영에서 콘텐츠는 가장 핵심이 되는 사항이다. 특히 일상 소모품처럼 쉽게 구매 의사결정을 할 수 있는 제품이 아니라 계약이나 구매 단계까지 긴 퍼널('깔때기'라는 뜻으로 흩어져 있는 고객을 한 곳으로 모은다는 의미)을 거쳐야 하는 비즈니스라면 콘텐츠의 역할은 더욱 중요하다. 고객들에게 도움이 되면서 일종의 교육 목적까지 양념이 쳐져야 서비스 신뢰도가 높아진다. 고객들이 성공 사례에 기반을 두고서 다양한 콘텐츠를 생산하는 이유도 이 때문이다.

펀딩 플랫폼 서비스 와디즈는 자신들의 블로그에 펀딩을 진행하고자 하는 파트너를 위한 콘텐츠를 운영한다. 펀딩을 통해서 얻을 수 있는 것이 무엇인지 설명하는 콘텐츠를 만들고, 파트너로서 펀딩 프로젝트를 하고 싶지만 망설이는 사업자에게는 어떻게 하면 성공할 수 있는지, 어떤 펀딩이 대박이 나는지 등을 알려준다. 일종의 교육 목적도 가지고 있는 셈이다. 즉, "나도 해볼 수 있겠다"는 동기를 제공하는 것이다.

블로그 운영도 다양한 방식이 있을 수 있다. 회사 홈페이지 내 블로그 메뉴를 만들어서 운영해도 되고, 네이버 블로그나 티스토리 같은 전문 블로그 서비스를 이용해도 된다.

와디즈 블로그 메인 화면

브랜드 호감을 위한 유튜브

유튜브의 영향력이 높아지면서 많은 기업이 채널 운영에 도전하고 있다. 하지만 앞에서도 잠깐 언급했지만 작은 기업 입장에서 꾸준하게 영상을 기획하고 제작하는 일은 쉽지 않다. 제작 비용 문제도 있지만, 당장 조회수가 나오지 않으면 이 시간에 다른 걸 해야 하는 것 아닌가 하는 생각이 든다. 그래서 꾸준함이 필요한 채널 운영은 초심과 다르게 용두사미가 될 때가 많다.

유튜브 운영의 핵심이라고 할 수 있는 유튜브의 알고리즘을 먼저 알아보자. 유튜브 알고리즘은 사용자가 어떤 콘텐츠를 볼지 결정하는 핵심 요소로 시청자 경험을 최적화하는 데 중점을 둔다. 유튜브는 사용자 행동 데이터 즉, 시청 시간, 클릭률, 구독 여부, 댓글 및 좋아요 등을 기반으로 작동하고 시청자에게 가장 관련성이 높은 영상을 추천한다. 이 중에서도 시청 시간이 긴 영상을 좋은 영상으로 본다. 사용자가 영상을 실제로 시청한 시간의 총합으로 이 값이 클수록 해당 영상이 추천될 확률이 높다. 클릭률은 영상이 얼마나 클릭 되었는지, 영상의 썸네일과 제목이 얼마나 매력적인지를 나타내는 지표다. 특히 썸네일이 매우 중요하다. 썸네일에는 영상의 핵심 메시지를 한눈에 전달할 수 있는 간결한 텍스트를 포함하는 것이 좋다. 썸네일의 텍스트는 크고 선명해야 하며 배경과 대비되도록 디자인해야 한다. 색 대비를 활용해 글자가 이미지에 묻히지 않아야 하고, 감정이 드러나는 인물 사진을 사용하는 것도 좋다. 사람 얼굴을 클로즈업한 사진은 감정을 쉽게 전달할 수 있어 시청자의 시선을 끌게 된다. 그리고 썸네일 디자인 스타일을 일관되게 유지하면 채널의 시각적 아이덴티티도 확립할 수 있다. 다음으로는 사용자 참여가 중요하다. 흔히 댓글, 좋아요, 공유, 구독 등의 사용자 참여를 말하는 것으로 이런 참여가 많을수록 해당 영상을 높은 품질의 콘텐츠로 인식하고 추천한다. 마지막으로 중요한 것은 개인화된 추천인데 사용자의 시청 기록, 검색 패턴, 구독 정보 등을 바탕으로 개인 맞춤형 추천 영상을 제공한다. 이는 사용자가 선호하는 유형의 콘텐츠를 더 많이 보여주도록 유튜브가 설계되어 있기 때문이다.

유튜브 알고리즘 활용의 핵심은 검색 최적화와 마찬

가지로 키워드다. 제목은 시청자의 관심을 끌고 검색에 최적화될 수 있도록 하는 키워드를 포함해야 한다. 영상 설명란에도 관련 키워드를 넣어야 하고, 시청자에게 추가 정보를 제공하는 것도 중요하다. 태그 역시 관련 키워드를 활용한다. 영상은 초반 15초에 집중하도록 만드는 것이 필요하다. 이 시간 동안 시청자의 관심을 끌어야 하며, 영상의 핵심 주제를 명확하게 전달할 수 있어야 한다. 전체 길이도 중요하다. 요즘은 30분을 넘어가는 긴 영상을 잘 만들지 않는다. 적절한 길이(10분~20분)를 유지하면서, 시청자가 지속적으로 흥미를 가질 수 있도록 구성해야 한다.

모든 온드미디어 채널에서 고객 페르소나와 타겟, 그리고 키워드 운영이 중요하지만 유튜브에서는 더욱 중요하다. 하루에도 수많은 영상들이 올라오는 상황에서 썸네일, 영상 내용, 제목 문구 등이 타겟과 맞지 않는다면 아무리 검색해도 노출이 되지 않는 영상이 된다. 신사임당으로 유명한 주언규 PD가 강조하는 것도 초기 콘텐츠의 방향을 정하고 타겟 고객을 명확히 하는 것이다. 고객이 좋아할 영상 분위기, 제목, 썸네일을 만들어야 검색

이 되고 클릭이 되기 때문에 영상을 봐줄 타겟에 맞춰서 기획하는 것이 중요하다고 강조한다.

패션이라는 큰 카테고리의 영상 콘텐츠라고 해도 10대와 40대를 대상으로 하는 콘텐츠의 제목과 썸네일은 완전히 다르다. '가을 패션 코디'라는 주제에서도 중년은 '어려 보이는'이라는 키워드가 들어간 콘텐츠를, 10대들은 '꾸안꾸 코디 추천' 같은 키워드가 들어간 콘텐츠를 선호한다. 타겟이 좋아하는 주제로 그들이 알고 싶어하는 내용으로 제목과 썸네일을 올리는 것은 말이 필요 없을 정도로 기본적인 사항이다.

작은 기업은 대기업처럼 완성도 있는 영상으로 승부를 걸어서는 안 된다. B급이지만 우리의 가치가 분명하게 전달되는 영상을 기획해야 한다. 그리고 유튜브가 매출 전환에 바로 도움되는 것이 아니라는 것도 기억해야 한다. 우리의 팬을 만든다는 목적에서 스토리텔링 형식으로 유튜브를 만들고 기획해야 의미가 있다. 물건을 홍보하고 팔기 위한 콘텐츠로는 결코 물건을 팔지도, 팬을 만들지도 못한다는 것을 기억하자.

운영에 대한 자신이 없다면 채널을 포기하는 것도 방

법이다. 더 큰 자원을 쓰면서 효과는 타 채널보다 못하다면 굳이 운영을 고집할 이유가 없다. 유튜브를 하게 되더라도 장기적인 관점에서 투자한다는 생각으로 하는 것이 궁극적으로 원하는 것을 얻는 방법이 된다.

정리해보자. 많은 채널이 있지만 각자 회사의 상황에 맞는 채널을 운영해야 한다. 채널 운영에서 중요한 것은 고객이다. 우리와 연결되었으면 하는 고객과 장기적으로 소통할 수 있는 채널로 어떤 것이 적당한지 정하고, 우리의 리소스를 고려해서 온드미디어를 기획하고 운영해야 한다. 무슨 무슨 채널이 대세니까 우리도 하자는 식으로 접근해서는 안 된다. 인스타그램, 블로그, 유튜브를 소개했지만 다 운영해야 한다는 것은 아니다. 가장 성공 가능성이 높은 하나에 집중하고 확대를 하는 것이 바람직하다. 다만, 검색 대응을 위한 블로그, 마케팅 채널로 대세이면서도 비교적 운영이 간단한 인스타그램 정도는 필수적으로 해야 한다.

10
검색 광고와 검색 최적화하기:
고객을 끌어당기는 전략(3)

팬을 만들기 위해서는 고객이 우리 제품을 직접 경험해 보는 것만큼 중요한 것이 없다. 채널 운영으로 고객과의 만남을 만들고 검색에 우리를 노출하는 방법도 중요하 지만, 좀 더 빠르게 연결되기 위해서는 아무래도 광고가 필수적이다.

첫 걸음은 검색 광고

고객이 어떤 제품이나 서비스를 실제 구매, 소비하기까지의 여정은 인지, 관심, 검색, 행동, 공유로 이어지는데 이 과정에서 검색을 90% 이상 활용한다.

어떤 브랜드를 처음 만나는 것은 우연히 봤던 광고나 누군가에게서 들은 얘기, SNS에서의 누군가의 언급 때문이다. 이렇게 처음 제품을 접한 고객은 그다음 행동으로 검색 엔진을 이용하거나 자신이 자주 방문하는 온라인 채널에 검색해본다. 하지만 이제 막 런칭을 시작한 우리 제품이 바로 노출될 리가 없다. 그래서 일단은 인위적으로라도 검색 광고를 이용해 노출을 시키는 것이 중요하다.

검색 광고에서 핵심은 키워드다. 어떤 키워드로 광고하는가, 키워드를 어떻게 운영하느냐가 성공의 키 역할을 한다. 반복하는 얘기지만(그만큼 중요하다는 뜻), 검색 광고에서는 브랜드와 관련된 대표 키워드와 함께 연관된 세부 키워드를 동시에 운영해야 한다. '노트북'이라는 대표 키워드에는 이용자의 검색 의도가 분명하지 않다.

하지만 세부 키워드인 '게이밍중고노트북'에서는 게이밍과 중고라는 수식어가 붙어서 이용자가 원하는 검색 의도가 좀 더 자세히 드러난다.

컨설팅을 했던 많은 기업들을 보게 되면 키워드 운영을 잘못해서 돈만 쓰고 성과를 올리지 못하는 경우가 많았다. 트렌드를 반영하는 키워드를 그때그때 잘 반영하여 업데이트하고, 광고 문구에서도 경쟁사와 대비되는 특징을 짧은 광고 문안 안에 넣어야 한다. 검색 광고는 키워드 자체가 타겟팅이다. 따라서 키워드 중심으로 고객의 검색 의도와 자사의 핵심가치가 잘 연결되어야 한다.

검색 광고를 집행하기 위해서는 네이버, 구글, 카카오 등 검색 엔진 광고시스템에 들어가서 광고 등록을 해야 한다. (광고를 등록하고 클릭당 비용을 확인하는 등의 좀 더 세부적인 절차와 방법은 유튜브 영상이나 블로그를 통해 좀 더 자세한 정보를 얻을 수 있다. 네이버는 네이버 비즈니스 스쿨을 통해서 온라인 오프라인 강의를 제공하니 참고하면 된다.) 최근의 검색 광고 성과는 예전 같지가 않다. 클릭당 비용이 매우 올라가 클릭당 천 원 이하로 광고를 운영하는 것이 어렵다. 광고 효율을 높이기 위해서는 집행하는 키워드를 선

정하고, 광고에 들어가는 광고 문안을 키워드와 잘 연결
되도록 만들고, 이를 광고 그룹별로 잘 운영해야 한다.

광고에 쓸 키워드 뽑는 법

검색 광고에서 가장 중요한 키워드 뽑기를 많은 분들이
어려워한다. 내가 뽑은 키워드가 내 수준에 맞는 것인지,
너무 비싼 돈을 주고 사는 키워드인지, 반대로 너무 효율
이 안 나오는 키워드인지 이런 판단을 잘하지 못한다.

　가장 먼저 네이버 검색 광고 사이트에 들어가서, 로그
인 한 다음, '키워드 도구'라는 메뉴를 확인한다(네이버 검
색광고 > 도구 > 키워드 도구). 클릭해서 들어가 보면, 내가
원하는 대표 키워드 5개를 입력할 수 있고, 조회를 누르
게 되면 연관 키워드 1,000개를 추천받을 수 있다. 구글
에서도 이와 비슷한 키워드 제안 시스템이 있다. 구글은
'키워드 플래너'라고 검색하면 해당 사이트를 방문할 수
있다. 마찬가지로 이곳에 들어가서도 내가 생각해둔 키
워드를 입력하고 연관 키워드를 확인한다. 이렇게 네이

버와 구글로부터 제안받은 키워드는 엑셀에 저장해 두고 리스트 형태로 관리하면서 광고할 키워드를 선택한다. 그런 다음 시즌이나 트렌드를 반영해서 키워드를 조정한다. 이때 키워드 리스트는 월 1회 정도로 정기적으로 점검하고 업데이트하는 것이 좋다.

컨설팅 의뢰하시는 분 중에는 광고 리포트를 어떻게 다운받는지 모르거나 광고 리포트에서 무엇을 발견해야 하는지 모르는 경우가 많다. 지표에서 확인해야 하는 것은 노출, 클릭, 전환의 데이터다. 클릭률이 낮다면 광고 운영의 개선이 필요하다는 얘기다. 광고 문안, 노출 순위 등을 다시 한 번 점검하고, 키워드가 과도하게 대표 키워드 위주로 구성되어 있는지도 봐야 한다. 만약 전환율이 낮다면 랜딩 페이지의 문제일 확률이 높다. 이때는 랜딩 페이지를 여러 가지로 바꿔보면서 테스트하는 과정이 필요하다. 헤드라인 카피부터 시작해서 고객을 설득할 수 있는 흐름으로 되어 있는지, 클릭을 유도하는 카피와 버튼 이미지는 잘 만들어져 있는지 확인해야 한다.

검색 광고는 '캠페인 > 그룹 > 키워드'로 운영이 된다고 보면 된다(네이버나 구글 모두 동일하다). 하나의 캠페인 안에 다양한 그룹을 생성할 수 있으며, 그룹 밑으로는 실제 집행될 광고가 있다. 동일한 광고를 여러 그룹으로 나눠 광고하고 반응이 높은 그룹을 찾는 식으로 운영할 수도 있고, 같은 그룹 아래 여러 키워드로 광고를 만들고 가장 효과가 좋은 키워드를 찾는 방향으로 운영할 수도 있다.

예를 들어, 우리 회사가 인테리어 소품을 파는 쇼핑몰이라고 하면 계절별로 광고 그룹을 만들 수 있다. 봄/여름/가을/겨울 이렇게 인테리어 그룹을 생성하고, 그룹 아래 키워드(시즌성)를 넣고, 광고 문안을 만들어 연결할 수 있다. 아니면 기능별로 아이방/부부방/서재 식으로 그룹을 만들 수도 있다.

광고 성과는 각각의 검색 엔진에서 광고를 평가하는

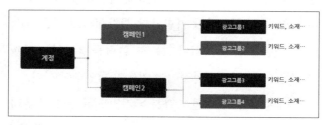

검색 광고 기본 구조

154

광고 품질 평가에 영향을 준다. 네이버와 구글 모두 키워드와 연관성이 떨어지는(품질이 낮은) 광고라 판단하면 노출 순위를 낮춘다. 네이버에서는 이를 '품질지수', 구글에서는 '품질평가점수'라고 한다. 광고의 품질은 클릭률, 키워드와 광고의 연관도가 높은지, 랜딩 페이지의 만족도가 높은지 등을 평가한다. 네이버는 '입찰가(비용) × 품질 지수'로 순위가 결정되고, 구글은 여기에 더 복잡한 로직이 추가된다.

입찰가(광고비)만으로 노출 순위가 결정되지는 않는다. 그래서 광고 품질 관리를 신경 써야 한다. 똑같은 광고비로 입찰했다고 해도 품질지수가 좋은 광고가 더 상위에 올라간다. 운영하는 광고 캠페인과 하위 광고 그룹의 데이터를 보면서 클릭률과 전환율을 체크해야 한다. 안 좋은 사인이 나온다 싶으면 키워드를 확장하거나 삭제하고, 광고 문안을 수정하거나 랜딩 페이지가 적절한지 등을 다시 확인해야 한다.

찐팬을 만나고자 한다면, 이런 작업을 매달 거르지 말아야 한다. 그렇지 않고 광고 셋팅을 한 번 해두고 그대로 방치해둔다면, 찐팬을 만나고자 하는 마음이 없는 것이나 마찬가지다.

바로 테스트할 수 있는 인스타그램 광고

검색 이외에 작은 기업들이 시도해 볼 수 있는 또 다른 광고는 인스타그램이다. 비교적 쉽게 광고를 운영해 볼 수 있다. 인스타그램은 피드, 스토리, 탐색, 릴스 등으로 전 세계 다양한 이용자들에게 내 계정을 노출하고 연결한다. 다만 인스타그램은 팔로우와 계정 활동을 중심으로 노출되는 알고리즘이기 때문에 팔로워가 없다면 노출 확보가 쉽지 않다. 그래서 초기에는 팔로우를 모으는 별도의 활동이 필요하다. 최근에는 인스타그램이 릴스를 주요 서비스로 내세우고 있어서, 숏폼 영상을 제작한다면 순식간에 팔로우를 늘릴 수 있다. 이렇게 팔로우 숫자를 늘린 다음 광고 진행을 검토한다.

광고를 하기 위해서는 일반 계정이 아닌 비즈니스 계정으로 전환해야 한다. 광고 운영은 메타(인스타그램은 페이스북 운영사인 메타의 서비스 중 하나다)의 비즈니스 시스템 내에서 이뤄진다. 메타의 광고 시스템을 거치지 않고도 인스타그램에 포스팅한 것으로 광고를 제작할 있지만, 지속적으로 운영하고자 한다면 메타의 광고 시스템을 이용하는 것이 좋다. (메타의 광고 시스템 세팅법도 이곳에서 굳이 자세히 다루지는 않겠다. 필요한 내용은 유튜브나 블로그 등에서 확인하면 된다.)

게시물을 몇 개 올리고 바로 광고를 해볼 수도 있지만, 적은 비용으로도 효율성을 극대화하는 것이 중요한 만큼 인스타그램의 전체적인 매체 특성을 충분히 이해하고 나서 진행하는 것이 좋다. 그리고 광고를 하더라도 대기업처럼 멋들어진 영상을 만들기보다는 직접 만든 콘텐츠나 숏폼으로 진행한다. 예비 고객이자 인스타그램 방문자들이 어떤 종류의 콘텐츠를 선호하는지 계속해서 확인하고 조정하는 절차를 계속 이어간다.

광고 운영에서 AB 테스트는 매우 중요하다. AB 테스트는 똑같은 메시지이지만 이미지가 다르거나, 같은 이미지이지만 메시지만 다르게 했을 때 광고 성과가 어떻게 다른지 테스트하는 방법이다. 인스타그램이나 페이스북에서 집행되는 메타의 광고 알고리즘은 두 개 이상의 광고를 하나의 광고 세트 안에 두면 자동으로 성과가 좋은 광고로 더 많이 노출된다. 메타의 광고 시스템(캠페인 > 광고 세트 > 광고)은 한 개의 캠페인 아래에 여러 개의 광고 세트, 또 하나의 광고 세트 아래에 여러 개의 광고를 만들 수 있다.

검색 엔진 최적화(SEO)는 선택이 아닌 필수

광고는 얼마나 광고비를 들여서 얼마나 많은 잠재 고객에게 커버리지를 넓혀 집행하느냐에 따라 결과가 많이 달라진다. 그러다 보니 광고비를 줄이거나 광고를 끄면 새로운 유입이 더 이상 되지 않는 문제가 발생한다. 광고 의존을 줄이기 위해서는 우리 힘 혹은 경쟁력이라 할 수 있는 온드미디어가 꼭 필요하다. 온드미디어가 영향력을 발휘하려면 검색 엔진 최적화를 반드시 해야 한다. 검색 엔진 최적화는 광고비를 지불하지 않고도 자연적으로 이용자가 네이버나 구글에서 검색했을 때 우리 제품(사이트)이 상위에 노출되도록 하는 것을 말한다.

검색 엔진은 유저가 검색어를 입력할 때 해당 검색어와 관련된 웹페이지와 사이트를 크롤링해서 읽어 오고, 그런 다음 인덱싱해서 분류하고, 마지막으로 순위 알고리즘에 따라서 링크를 상단에 노출하는 과정을 거친다.

원론적인 얘기 같지만, 검색 엔진 최적화의 핵심은 제품과 관련된 다양한 키워드를 리서치하고 고객 경험을 바탕으로 하는 검색 의도에 맞는 키워드를 추출한 뒤, 이와 연결되는 콘텐츠를 기획하고 발행하는 것이다. 발행하려는 콘텐츠에는 노출하고 싶은 키워드를 제목에 반드시 넣어야 하고 본문에서도 처음, 중간, 마무리 정도에 적절하게 배치해야 한다. 내용 역시도 맨 앞 부분에서부터 결론을 먼저 얘기하고, 뒤이어 설명하는 두괄식 글이 좋다. 이와 같은 활동들을 통틀어 '콘텐츠 마케팅'이라

검색 엔진이 검색 결과를 만드는 3단계

부른다.

콘텐츠 내용뿐만 아니라 기술적인 부분도 중요하다. 해당 웹페이지가 무엇에 관한 것인지 검색 엔진이 읽어올 수 있도록 메타 태그, 이미지나 동영상에 적용되는 캡션, 태그, 파일명 등에 키워드를 잘 포함시켜야 한다.

마음이 급하다 보면, 광고로 브랜드를 노출하고 유입시키는 것이 전부라고 생각하는 경우가 많은데, 최근 들어서는 구글의 검색 점유율이 높아지고 퍼포먼스 마케팅의 효율이 떨어지면서 자사 콘텐츠를 기반으로 한 검색 엔진 최적화가 더욱 중요해지고 있다. 결국 온드미디어로 승부를 봐야지, 검색 광고만으로는 고객을 유입시키기에 한계가 있다.

서치엔진 저널 자료에 따르면 마케터의 49%가 광고(페이드 서치)로 인한 유입보다 이용자들의 일반적인 검색(오가닉 서치)으로 인한 유입을 더 효율적으로 평가했다. 단기적으로 광고를 통해서 노출을 늘리고 고객과의 접점을 늘려가는 일도 해야 하지만, 일반적인 검색에서도 우리 제품이 노출되도록 하는 것에 신경을 써야 한다. 이를 위해서는 꾸준한 콘텐츠 발행 활동이 정말 중요하다.

예전에는 1일 1콘텐츠를 발행해야 한다는 얘기도 많이 했지만, 주 2회라도 꾸준하고 일관성 있게 발행한다면 콘텐츠는 점점 쌓이게 된다. 그리고 텍스트만 있는 것보다 동영상과 이미지를 함께 넣는 것이 두 배 정도 더 많은 클릭을 유도한다. 검색 최적화를 위한 콘텐츠 마케팅은 콘텐츠 비즈니스를 하는 기업에게 선택이 아닌 필수 사항이다. 양질의 콘텐츠를 꾸준히 발행하는 것과 키워드 맞춤을 잊지 말자.

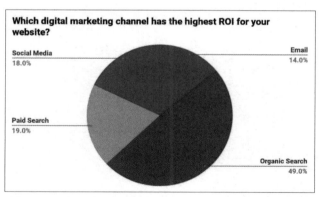

자료. Search Engine Journal "Which Digital Marketing Channel Has the Highest ROI for Websites?

찐팬을 만들기 위해 어느 정도의 광고는 필요하다. 하지만 광고 비용을 쓸 여력이 없는 상태라면 최소한의 광고를 집행하면서 고객을 늘려가는 것이 중요하다. 물론 초기에는 쉽지 않다. 바로 매출을 올려야 하는 입장이라면 광고 비용을 높여 인지도를 높이고 구매를 늘려가는 방식이 가장 빠른 방식이다. 하지만 광고 없이도 우리 고객을 만날 수 있는 콘텐츠 제작과 발행 작업은 멈추지 말고 계속해서 이어가야 한다. 그렇지 않으면 광고가 꺼지는 순간, 신규 고객이 제로가 된다. 매출과 상관없이 꾸준히 해야 하는 일이 콘텐츠 만들기고 검색 최적화임을 잊지 말자.

11
팬과의 관계 다지기:
진정성 있는 소통과 커뮤니티 구축

'책방 마님'이라는 별명을 가진 최인아 대표의 『내가 가진 것을 세상이 원하게 하라』를 읽고 그녀의 팬이 되었다. 제일 기획 사원으로 시작해서 여성으로서 최초로 임원의 레벨에 오른 이야기, 회사를 그만둔 후에는 강남 한복판에 책방을 열어 지금껏 운영하고 있는 이야기, 산티아고 순례길을 걸으며 어떤 깨달음에 이르고 책방 주인이라는 다른 챕터의 삶을 선택한 이야기 등. 오랜 직장 생활 끝에 회사를 그만두었다가 휴식기를 갖고 다시 일을 시작하는 필자의 스토리와도 묘하게 겹치는 기분이 들었다. '나만 힘든 것은 아니었구나, 우리 모두가 그런 삶을 살고 있었구나'하는 생각마저도 들었다. 책을 읽게 된 것은 우연히 누군가가 쓴 리뷰 때문이었지만 책의 내용은 내 마음을 움직이기에 충분했다. 이후 '최인방 책방'이라는 브랜드에 관심을 갖게 되고, 책방의 SNS 계정을 팔로잉하는 것은 물론이고 책방에서 진행하는 행사나 서비스도 눈여겨보게 되었다.

필자가 그랬던 것처럼 고객은 광고를 보고 혹은 인플루언서의 소개를 보고 제품을 구매하거나 경험한다. 이렇게 단 한 번 맺어진 연결이 지속되려면 고객의 마음속에 제품과 브랜드에 대해서 긍정적인 호감이 생겨야 하고, 그 마음을 바탕으로 지속적인 관계가 만들어져야 한다.

구매와 거래가 아닌 관계를 맺는 것

모든 기업에게 있어 고객은 거래 파트너다. 그런데 고객 입장에서 거래 정도를 넘어서 나를 좀 더 신경 쓰고 배려한다는 느낌까지 든다면 어떨까? 좋아하는 카페나 식당을 한 번만 가지 않고 두 번, 세 번 가는 것을 생각해 보면, 탁월하게 맛있거나 분위기가 독특하거나 하는 특징이 있다. 그게 아니라면 그곳에서 일하시는 분들이 나를 좀 더 특별히 대접해 주고 친절하게 대해 줄 때다. 여기에 운영하는 분과의 친분까지도 생기면 더 자주 가고 싶은 마음이 생긴다.

요즘에는 CEO나 브랜드 담당자들이 자신의 이름을 노출하고 커뮤니케이션 하는 경우가 많다. 어떤 이슈나 시즌을 맞아 특별하게 전하는 메시지가 아니더라도 뉴스레터에 자신이 누구라며 실명을 밝혀 한 개인과 소통한다는 느낌을 주고, 직접 편지를 써서 고객에게 회사의 이야기를 전하기도 한다.

개인적으로는 지식 콘텐츠 서비스인 퍼블리를 유료 결제했을 때, 회사 대표인 박소령 CEO가 보낸 메일에서 내 이름을 발견하고는 마치 나에게만 특별히 편지를 보낸 것 같은 기분을 느꼈다. 그 이후로도 콘텐츠 담당자가 인사 메일을 보낼 때, 퍼블리는 마치 누군가와 1:1로 대화하는 식의 뉴스레터를 구성했다. 작은 장치지만 마치 개인화 서비스를 제공하는 기분을 주기에 충분했다.

누군가가 "고객님"이 아니라 "○○님"하고 다정하게 내 이름을 부르며 메시지를 건넨다면 비록 프로모션 쿠폰이라 할지라도 배려받는 느낌이 든다. 해당 제품에서 느껴지는 친근감은 두말하면 잔소리다. 사고파는 관계가 아니라 서로의 고충을 해결해주는(서비스를 제공하고 서비스를 받는) 사이로 관계가 재정의되는 것이나 다름없다.

진정성 있는 소통으로 관계 만들기

이제 막 시작한 브랜드라면 서비스나 제품을 만든 배경과 서사(히스토리)를 고객에게 잘 전달하는 것이 중요하다고 얘기한 적 있다. 그래서 이를 잘 정리해서 홈페이지 같은 곳에 게시하라고 말했다. 이외에도 고객과 소통하는 게시판 등에서 1:1 문의에 정성스럽게 답을 다는 것도 기본이다. 그리고 가능하다면 천편일률적인 정형화된 형식적인 답이 아니라 고객에 맞춤 된 답이면 더 좋다. 나아가 대표가 직접 답을 다는 것도 고객과 브랜드 간에 팬심이 더해지는 중요한 포인트가 된다. 앞서서 소개한 적 있는 율립이나 '찐팬과 열애중인 브랜드'로 뒤에서 다룰 망넛이네 같은 곳은 대표가 직접 인스타그램을 통해 고객과 소통한다. 진정성이란 결국 있는 그대로 진실하게 답하되, 상대방의 상황과 문제를 읽고서 답하는 것이다. 진정성은 이때 빛난다. 다만, 수많은 질문이나 댓글에 어떻게 일일이 답할 수 있을지는 충분히 고민해보아야 한다.

요즘은 나의 취향에 맞게 AI가 제품이나 콘텐츠를 추천해 준다. 나의 시간을 절약해주고 좋아할 만한 제품을 기막히게 잘 파악해서 알려 준다. 하지만 그것 때문에 해당 브랜드에 감동하는 마음이 들지는 않는다. 고객에게 감동을 주기 위해서는 사람의 손을 거치는 작업이 반드시 필요하다. 향후 AI가 사람처럼 말하고 각종 서비스를 하는 시대가 온다고 하더라도 말이다.

커뮤니티를 기반으로 연결

우리 제품을 한 번 구매한다고 해서 팬이 되지는 않는다. 하지만 구매 한 번 없이도 브랜드의 팬이 되게 할 수는 있다. 구매보다 관계 맺기를 더 잘할 때 가능하다. 이 책 역시도 구매 빈도를 높이기 위한 마케팅보다 관계 맺기를 위한 마케팅을 강조하는 책이라고 말해도 무방하다.

조금은 특별하게 브랜드를 경험한 고객은 자신과 비슷한 경험을 하고 비슷한 감정을 소유하고 있는 다른 고객과 연결되기를 원한다. 이렇게 만난 고객은 서로 많은 얘기를 나누며 브랜드에 대한 애정을 키운다. 기업은 이런 고객을 한곳에 모으는 작업에 돌입해야 한다. 바로 커뮤니티다. 브랜드에 대한 생각을 나누고, 브랜드에서 진행하는 다양한 이벤트에 참여하는 등 고객과 진심을 나누는 공간이 커뮤니티다.

최근의 마케팅에서는 브랜드 팬을 구축하는 방법으로 커뮤니티를 중요하게 본다. 커뮤니티 팬들은 단순하게 정보를 공유하는 차원에서 모이는 것이 아니라 브랜드에 대한 긍정적인 경험을 쌓고자 모이며 나아가 브랜드 서사에 동참하고자 한다.

신차를 구입하는 사람들은 차종을 선택하는 순간 커뮤니티(네이버나 다음 카페 같은)에 가입해서 다양한 정보를 얻는다. 그런 다음 차량 계약을 하는 과정부터 인도받는 과정, 이후 튜닝을 하거나 문제가 발생해 수리하는 것까지도 커뮤니티 안에서 다른 사람들과 공유한다.

아웃도어 브랜드인 블랙야크의 BAC(BlackYak Alpine Club)는 산악인들 사이에서 이미 유명한 커뮤니티다. BAC는 산을 정말 좋아하는 고객들과 호흡하고자 2013년에 만들어진 커뮤니티로 명산 40곳 완등을 목표로 했다가 명산 100으로 확대 개편했고, 10년 만에 회원 수가 40만 명에 이르는 국내 최대 규모의 아웃도어 커뮤니티가 되었다. 블랙야크가 BAC를 통해서 이루고자 한 것은 꼭 매출 확대만은 아니다. 진정으로 등산을 즐기는 이들을 만나고 소통하면서 자연스럽게 용품에 대한 정보나 불편 사항 등을 확인하고 장기적으로는 자신의 고객이 되도록 하는 것이 목표다. 하지만 작은 기업에서는 블랙야크처럼 온오프 모임이 활성화된 커뮤니티를 만들기가 어렵다. 운영에 들어가는 비용이나 인력이 만만치가 않기 때문이다. 그리고 최근에는 '느슨한 연대'를 즐기는 분위기도 있는 만큼, 온라인 중심으로 연결을 도모해보는 것이 더 나을 수도 있다.

커뮤니티를 만들고자 할 때는 팬들끼리 자연스럽게

만들어지는 고객 주도형 커뮤니티가 있지만, 그 정도가 되려면 상당한 인지도와 충성도가 있는 브랜드가 아닌 이상 쉽지 않다. 그래서 창업 초기에는 회사가 직접 주도해서 커뮤니티를 만드는 것이 정석이다. 다만 운영진을 꾸리거나 운영 방법을 결정하는 데 있어서는 고객의 의견을 수렴해서 정하는 것이 좋다.

오픈 채팅방과 슬랙을 통한 느슨한 연대

최근에는 오픈 채팅방이나 슬랙과 같은 간단한 커뮤니케이션이나 협업 도구를 많이 이용한다. 커뮤니티를 운영할 때는 고객과 주기적으로 소통하는 이벤트를 만들고 댓글 소통을 활발히 하는 등 약간의 운영이 필요하다. 슬랙은 폐쇄형 커뮤니티 성격으로 각 채널의 리스트에서 네이버나 다음 카페처럼 카테고리 형태로 공유하고 싶은 것을 분리하고 회사 공지 채널도 따로 만든다. 그리고 오픈형인 카카오 오픈채팅방은 말 그대로 방 하나를 두고서 운영되다 보니 과도한 챗이 오가지 않도록 채팅

방 운영 시간과 챗 내용 가이드를 만들어서 처음 들어오는 멤버들도 운영 방식 등을 충분히 알 수 있도록 한다.

커뮤니티에서 간혹 고객들이 불만의 목소리를 올리는 경우가 있다. 이때는 회사 쪽 담당자가 가능한 빠르게 답을 하는 것이 중요하다. 미리 제기될 수 있는 문제 등을 확인하고 이에 대한 답변 매뉴얼을 만들어 놓는 것도 좋은 방법이다. 답변의 내용과 누구에게 확인을 받는지 등의 시스템을 짜두면 당황하지 않고 문제를 빨리 해결할 수 있다.

불만을 얘기하는 고객은 진짜 브랜드를 사랑하는 고객일 수도 있고, 흔히 말하는 진상 고객일 수도 있다. 찐 고객과는 몇 번의 소통만으로도 쉽게 문제 해결이 되고 그 과정에서 브랜드에 대한 애정을 키워갈 수도 있지만, 진상 고객이라면 쉽게 해결이 안 되고 다른 고객에게 나쁜 영향만 주는 식으로 잡음만 커질 우려가 있다. 자칫 빠른 대응을 한다고 무조건 환불해 주겠다는 식으로 기준 없는 처리를 했다가는 오히려 다른 고객들로부터 지탄을 받을 수도 있다. 예민한 문제일수록 원칙과 매뉴얼을 만들고 그에 준해서 대응하는 것이 바람직하다. 그리고 커뮤니티 활동에 대한 리워드 제공도 커뮤니티 활성화에 있어 고려해야 할 중요한 포인트다.

마케팅이라는 분야는 늘 숫자와 씨름하는 일이기도 하지만, 고객과 우리 브랜드가 서로 간격을 좁히며 가까워지는 일이기도 하다. 마케팅은 우리 안의 진정성을 잘 포장하고 고객들이 알 수 있도록 다양한 시도를 해나가는 일이다. 우리 브랜드의 찐을 고객이 잘 알 수 있게 재해석하고, 이를 스토리로 만들어 다양한 방식으로 알려야 한다. 이러한 진심이 통할 때 고객들로부터 팬심을 얻게 된다.

12
찐팬을 완성하는 조직문화 만들기

"조직문화는 구성원들 경험의 합이에요. 배달의민족 이용자가 외부 고객이라면, 직원들은 내부 고객이죠. 안에서 직원들의 경험이 흘러넘쳐야, (밖에서도) 이용자들과 이어진다고 봅니다."

우아한형제들 안연주 피플실장은 2023년 《조직문화, 그 허와 실》이라는 컨퍼런스에서 조직 문화에 대해서 이렇게 얘기했다. 2022년 우아한형제들은 대규모 채용 세미나를 통해서 신입 및 경력직을 뽑은 적이 있다. 그리고 2023년에는 '랜선 JOB담'이라는 타이틀로 현직에 있는 사람들과 구직자들이 일종의 커피챗과 비슷한 형식의 온라인 대담을 하기도 했다.

인재 채용 방식이나 관련되어 진행되는 몇 가지 행사만 보더라도 그 회사의 조직 문화를 엿볼 수 있다. 채용 과정에서는 기업이 강조하는 역량이나 면접 방식, 특히 그룹 인터뷰나 케이스 스터디 같은 것으로 회사가 어떤 인재를 원하는지를 보여 준다. 요즘은 이런 채용 과정이 리멤버나 원티드 같은 서비스에서 실제 경험한 사람들의 이야기로 공개된다.

사내 행사는 조직 문화를 엿볼 수 있는 중요한 창구 역할을 하는데, 회사의 문화와 가치관을 반영한 행사는 직원들에게 기업의 비전을 공유하고, 소속감을 강화하는 역할을 한다. 예를 들어, 기획 개발 디자이너 등이 함께 모여 제한시간 내 프로그램을 개발하는 해커톤이나 아이디어 경진대회 같은 행사는 혁신과 도전을 중시하는 조직 문화를 드러내고 직원의 창의성을 발휘할 기회를 제공한다. 이러한 활동은 조직 내부의 자유롭고 개방적인 분위기를 강조하고, 직원 간의 유대감을 높이는 데 기여하기도 한다. 결국, 인재 채용과 조직 행사는 단순한 채용 및 이벤트를 넘어 회사의 정체성과 문화를 구축하고 강화하는 중요한 수단이 된다.

신념, 규범, 관행은 기업 전체를 관통

조직 문화의 사전적 의미는 다음과 같다. "조직 구성원이 조직 생활을 통하여 학습하고 공유하며 전수하는 신념, 규범, 관행으로써 조직 구성원들의 생각과 의사결정 및 행동에 방향과 힘을 주는 것."

조직 문화에서 중요한 것은 신념, 규범, 관행 등으로 생각해 보면 조직 전체를 움직이게 하고 목표를 정하게 하는 어떤 것이라고 할 수 있다. 나아가 회사의 정체성과 브랜드의 정체성에 결정적인 영향을 미치기도 한다. 특히 긍정적이고 자유로운 조직 문화는 내부적으로 직원들의 만족도와 몰입도를 높여 자연스럽게 브랜드에 대한 자부심을 고취하고 이를 외부로 전달하는 역할을 한다. 예를 들어, 창의성과 자율성을 중시하는 조직은 혁신적인 브랜드 이미지를 만들고 이는 제품과 서비스에 고스란히 반영된다. 따라서 조직 문화는 브랜드가 시장에서 어떻게 인식되고 어떤 가치를 소비자에게 전달할지 결정짓는 중요한 요소로 작용한다. 특히 작은 회사일수록 의사결정 과정이 고스란히 서비스에 녹아들기 때문에 이런 경향성은 더욱 짙다. 즉, 조직 문화도 우리의 "찐"을 닮아간다고 할 수 있다.

곰플레이어를 만든 그래텍(현재 곰앤컴퍼니)이라는 회사에 다닐 때 당시 그곳은 50여 명의 작은 벤처기업이었다. 개발자들이 자유롭게 머릿속에 있는 제품을 개발하고 테스트하는 분위기였다. 회사의 자유로운 분위기에서 나온 서비스가 곰플레이어다. 곰플레이어는 개발팀장이 여러 가지 영상 플레이어들이 무겁고 불편해서 자신이 편하게 보려고 만들게 된 소프트웨어였다. 이후 회사에서는 이 프로그램을 사업화했다.

우아한형제들의 창업자였던 김봉진 전 의장은 창업 초기 '좋은 회사'에 대한 의지가 매우 강했다. 그런데 좋은 회사라는 게 구체적인 기준을 세우기가 쉽지 않다. 그리고 경영진이 생각하는 좋은 회사와 조직원들이 생각하는 좋은 회사는 다를 수 있다. 결국 우아한형제들은 좋은 회사를 '일하기 좋은 회사'로 구체화했고 '배민다움' 이라는 키워드를 만들었다. 배민다움은 책으로도 출간되어 나왔을 정도로 회사의 조직 문화를 외부로 알리고, 기업 이미지 개선과 브랜딩으로 연결되는 선순환을 만들었다(배민다움에 대해 좀 더 알고 싶은 분들은 회사 홈페이지 '일하기 좋은 회사' 카테고리를 살펴보면 된다).

조직 문화라는 것은 맨 위에서부터 맨 아래 신입 사원에까지 이르는 일관성 있는 흐름이다. 단순히 말로만 만들어지지 않는다. "실패를 두려워하지 말라"는 메시지를 경영진이 전달하면서 실제로는 실패를 용인하지 않는 분위기를 조성한다면, 일관성이 깨지고 문화는 제대로 작동하지 않는다. 경영진의 철학과 실천이 한결같이 전달되고 조직 안에 스며들 때 만들어진다. 이러한 흐름은 기업의 의사결정 과정 전반에 큰 영향을 미친다.

요즘은 회사 문화가 외부로 잘 드러나는 편이다. 직장인 플랫폼이나 블라인드 커뮤니티에서 직원들은 자신이 일하는 회사에 대해서 숨김없이 이야기한다. 회사의 조직 문화가 외부로 알려진 것과 어떻게 다른지(혹은 같은지)도 금방 드러난다. 특히 MZ 세대는 회사가 지향하는 기업 비전 같은 거창함보다 실제 회사가 어떻게 일을 하고 의사결정을 하는지, 무엇을 중시하는지 등을 더 중요하게 본다.

회사에 대한 만족이 없는 직원들이 진정성을 가지고서 고객에 대응하리라 기대하기는 어렵다. 그래서 찐팬을 만드는 가장 첫 번째 단추는 조직 문화를 "찐"에 가깝게 유지하는 것이다.

실제 의사 결정을 위한 가치는 무엇인가?

회사의 조직 문화와 그 회사가 만드는 제품의 브랜딩을 생각해 볼 때 마케팅의 핵심이자 브랜딩의 핵심이라고 할 수 있는 '가치'를 생각해 보자.

어떤 회사가 "올해 우리 회사는 ESG에 대한 미션 달성을 하기로 했습니다" 이렇게 선언한다면, 기업 내에서 이뤄지는 내부 커뮤니케이션 역시도 환경 문제나 기업의 사회적 역할 등에 대해 예민하게 생각할 수밖에 없다. 자연스럽게 ESG가 지향하는 가치도 조직 속으로 빠르게 스며든다.

외부적으로는 친환경을 강조하고 이를 중요한 홍보 포인트로 삼지만 내부적으로는 친환경과 상관없는 결정을 하게 된다면 회사는 고객에게 진실하지 못한 것이 된다. 이런 문화에서 일하게 되면 구성원 역시도 자연스럽게 회사가 부르짖는 가치와는 별개로 일하게 되고 고객에게도 진정성 없는 슬로건만 던진다. 이런 사례를 대표하는 것으로 '그린워싱'이 있다.

그린워싱은 기업이나 단체가 실제로는 환경에 이롭지 않은 제품을 친환경적인 것처럼 포장하는 행위를 말한다. 친환경 이미지가 기업에게 이익이 되기 때문에 친환경으로 포장하지만 실제로 그렇지 않은 것으로 들통이 나면 오히려 기업 이미지는 최악에 가까워진다. 지난해 시민들이 뽑은 '최악의 그린워싱' 1위로 L음료의 '자연 이미지 남용'을 꼽았다. 멸종 위기종인 황제 펭귄, 해달 등을 생수병 라벨에 그려놓고는 환경을 생각한다고 광고를 했지만, 정작 플라스틱 생수병이 해양 오염에 영향을 준다는 말은 하지 않았다. 만약 기업 내부에 진정성 있는 친환경 중심의 의사결정이 있었다면 이런 캠페인은 나오지 않았을 것이다.

'고객 중심'을 자신의 중요한 가치로 홍보하는 회사도 많다. 그러나 실제 조직의 의사결정 과정에서 살펴보게 되면 '기업 이익 중심'으로 결정되는 경우가 훨씬 더 많다. 하지만 진짜 말 그대로 '고객 중심'을 잘 실천하고, 이를 업무나 제품에 반영하는 프로세스를 갖고 있는 회사도 많다.

네이버에서 근무할 때 우리 부서의 고객은 광고주였다. 네이버에 광고하는 개인부터 법인들이 우리의 고객이었다(기업 소속 마케터, 소상공인 사장님, 병원/변호사 같은 전문직 종사자, 마케팅 회사 온라인 광고 담당자 등). 고객의 목소리가 실제 서비스를 기획하고 개발하는 사람에게까지 전달되기는 쉽지 않다. 그런데 어떤 계기로 광고주의 어려움이 경영진에게 보고된 일이 있었다. 이 일 이후 광고주에게 불편함을 줬던 것들을 다양한 팀에서 다양한 관점으로 보게 되었고 조직 전체적으로는 광고주 중심으로 일을 바라보려는 움직임이 만들어졌다.

사실, 한 번의 시도나 노력으로 이런 문화가 만들어지지는 않는다. 큰 회사라면 조직 내 큰 이슈가 생기기 전까지는 해오던 대로 하려는 관성이 있다. 반면 작은 회사는 경영진부터 직원들까지 모든 사람이 하나의 가치를 밑바탕에 깔고 일을 해나가는 것이 비교적 수월하다. 특히 이제 막 시작하는 기업이라면, 조직 문화를 만들어가는 지금이 우리의 "찐"을 조직 내 의사결정 과정에 녹이고 신념과 규범으로 자리매김할 절호의 기회임을 잊어서는 안 된다.

솔직하고 자율성이 보장된 문화

스타트업은 많은 리스크를 안고 있지만, 작은 기업 특유의 독특한 문화는 그 자체로 기업의 브랜딩이 되어 좋은 인력을 회사로 끌어오게 하는 요인이 된다. 창업가부터 인턴 직원까지도 격이 없이 지내는 수평적인 조직 문화는 스타트업의 특징이기도 하면서 MZ들 사이에서는 매우 이상적인 기업으로 보이는 매력을 갖고 있다.

수평적 조직 문화는 어떤 것일까? 대기업은 탑다운 형태로 위에서 주어지는 일이 많다. 팀 단위로 어떤 기획을 추진하고 이를 윗선의 컨펌을 받아서 일한다기보다는 전체적인 경영 계획 아래에서 실 단위, 팀 단위로 해야 하는 과제들이 세팅된다. 필자 역시 대기업에서 일할 때는 위에서 떨어지는 일을 해내기에 정신이 없었다. 이런 문화가 한국 기업에 오랫동안 내려오다 보니 수평적인 조직문화는 자신이 기획하고 아이디어를 낸 것이 받아들여져야 하는 것으로 오해하는 일이 많다. 하지만 '수평적'의 진짜 의미는 커뮤니케이션의 방식이라고 보는 게 좀 더 정확하다. 회의나 보고 때 자신의 생각을 자유롭고 솔직하게 말할 수 있는 분위기, 이를 존중하는 분위기가 수평적 조직 문화의 핵심이다. 우리가 알고 있는 성공한 유니콘 기업들도 격의 없이 자유롭게 의사를 주고받는 과정에서 나온 아이디어가 회사를 키운 핵심 비즈니스 모델이 된 경우가 많다.

일하는 방식과 중요한 의사결정을 할 때 반드시 지켜야 하는 원칙을 회사 내 공유하고, 중요한 전체 미팅이나 월간 미팅 때 이를 강조하면서 우리의 문화를 만들어 나가는 것은 결국 외부의 고객이나 관계사에게 잘 보이려는 것 못지않게 우리의 찐을 지키는 일이다. 우리 회사의 조직 문화와 브랜드가 같은 방향으로 "찐"을 유지하고 관리해나간다면, 자연스럽게 고객에게까지도 우리의 찐이 전달된다. 제품에 대해 느끼는 고객의 감정이 그것을 만드는 사람의 감정과 다르지 않다면, 그야말로 차별화된 브랜드가 될 수 있다. 인재가 곧 회사가 되는 스타트업에서 조직 문화는 곧 브랜딩임을 잊지 말아야 한다.

우리의 찐을 사랑하던 고객이 직원이 되어 일하는 경우도 심심찮게 볼 수 있다. 이때 직원이 입사해서 확인한 찐이 고객으로 있을 때 느낀 것과 같다면, 이 직원의 충성심은 엄청난 힘을 발휘할 것이다. 결과적으로 자신과 같은 또 다른 고객과 직원을 만들어 낼 것이다.

회사의 조직 문화도 팬을 만드는 하나의 방법이다. 주고받는 메일과 전화, 회의실에서의 의사결정 등 모든 일의 기준이자 원칙이 우리가 고객에게 전하고자 하는 찐이 될 때, 조직 문화는 강력해지고 더 많은 팬을 불러 모을 수 있다.

13
생성형 AI를 활용해 찐팬 만들기

2022년 11월 30일, 인공지능(AI) 개발 회사 오픈AI가 생성형 인공지능 챗GPT를 출시했다. 챗GPT는 나오자마자 세간의 이목을 집중시키며 단번에 모든 이슈를 흡수해버렸다. 갑자기 현실로 다가온 인공지능 얘기로 온 세계가 뜨겁게 달궈졌고 지금도 그 여파가 지속 중이다.

매년 다음 해의 소비 트렌드를 예측하는 책 『트렌드 코리아』를 보게 되면 2024년의 주요 트렌드로 '호모 프롬프트'를 선정할 정도로 AI는 일상생활의 이슈로까지 내려왔다. 참고로 호모 프롬프트는 '자신만이 보유한 인간 고유의 창의성을 더욱 고양하는 방향으로 AI와 티키타카를 통해 인공지능(AI)서비스를 적재적소에 사용할 수 있는 사람'을 말한다.

생성형 AI, 한 사람 몫의 직원

생성형 인공지능이 대중들에게 깊이 각인된 데에는 웹 페이지를 띄워 넣고 일상에서 쓰는 말(자연어)을 입력하는 것만으로도 이용할 수 있었기 때문이다(챗GPT 기준). "~해줘" 이렇게 지시만 내려도 글, 이미지, 동영상 등이 자동으로 생성되면서 사람들을 놀라게 했다. 이때 지시 사항을 입력하는 것을 두고 '프롬프팅'이라고 한다.

프롬프트 과정에서 잠깐 언급했던 것처럼 인공지능은 어떤 명령어를 입력하느냐에 따라 생각하는 것 이상으로 쓸만한 결과를 내놓는다. 프롬프트 활용을 어떻게 하느냐에 따라 결과물의 깊이나 디테일이 달라진다는 뜻이다. 인공지능 서비스를 이용해 나의 업무 효율을 높일 수 있는지를 고민하고 활용 능력을 키우는 것이 대단한 능력으로 자리를 잡으며, 누가 잘 입력하고 지시를 잘 내리느냐에 따라 AI 활용 능력이 평가받는 요즘이다.

필자는 최근 시장 리서치를 하거나 카피 등을 만들 때 생성형 AI를 이용해 아이디어를 얻는다. 연재 글을 쓰고 있는 플랫폼인 오픈애즈에 마케터가 챗GPT를 어떻게 활용할 수 있는지, 직접 테스트해본 내용을 글로 게시해 본 적이 있다. 그 글을 쓴지 불과 1년밖에 흐르지 않았지만, 그 사이 인공 지능은 매우 빠른 속도로 발전했고 이를 활용하는 방법 또한 매우 다양해졌다.

마케터들은 홍보 콘텐츠를 매일, 매주, 매달 새롭게 만들어 내야 하는 숙명이 있다. 하지만 콘텐츠 제작 경험이나 브랜드 이해가 부족한 주니어 마케터에게 창작의 세계는 고통스럽기 그지없다. 이때 인공지능을 활용한다면 그러한 고통을 조금은 줄일 수 있다. 개인적으로는 한 사람 몫을 하는 직원 수준으로도 활용이 가능하다고 생각한다. 그래서 인력이 항상 아쉬운 작은 회사라면 인공지능 활용을 적극적으로 검토해볼 필요가 있다.

텍스트 위주의 생성형 인공지능은 챗GPT 이외에 구글에서 출시한 제미나이(Gemini)라는 서비스도 있다. 제미나이도 챗GPT만큼이나 한국어 지원이 잘 된다. 국내에서 개발된 생성형 인공지능 서비스로는 뤼튼(Wrtn)이 있다. 한국인이 활용하기 좋은 교육, 비즈니스, 개발 등에 특화시켰다. 네이버에도 큐(Cue:)라는 생성형 인공지능 서비스가 있다. 이처럼 무척 다양한 인공지능 서비스가 있으며 계속해서 발전을 거듭하고 있다. 서비스마다 특징이 있는 만큼, 나에게 적합한 정보를 잘 제공하는 서비스인지 그렇지 않은지 등을 확인하는 것이 중요하다.

생성형 인공지능의 출현으로 창작자의 일자리까지 위협받는 것 아니냐고 하지만, AI를 활용하는 방법을 익혀 내 일에 써먹는 방식으로 공생하는 것이 앞으로 중요한 능력이 될 전망이다.

꼭 알아야 하는 프롬프트 작성 팁

생성형 인공지능을 잘 활용하기 위해서는 프롬프트 작성 기법부터 알아두면 좋다. 내가 무언가를 요구했을 때 처음부터 바로 원하는 답을 '찰떡같이' 해줄 수도 있지만 그렇지 않을 때가 훨씬 많다. AI와 대화를 나눈다고 생각하고, 내가 생각하는 것을 자세하게 풀어서 AI에게 질문을 던지며 대화를 하는 것이 올바른 프롬프트 작성법이다. 단순하게 "~해줘" "~알려줘" 같은 지시만으로는 한계가 있다. 몇가지 팁을 살펴보자.

1)정체성 부여하기

AI에게 기대하는 역할을 구체적으로 얘기하는 것이다. 우리는 마케팅을 하고 팬을 만드는 일을 하는 데 있어서 AI를 활용하는 것이기 때문에 현재 내가 해야 하는 일을 AI가 대신한다고 생각하면 된다.

"당신(AI)은 7년차의 브랜드 마케터 역할을 해야 해. 지금 신규 제품 런칭을 앞두고 있는데, 당신은 신제품의 런칭을 위한 마케팅 계획 세우는 일을 맡고 있어."

2)명확하고 구체적으로 기술하기

얻고 싶은 결과에 대해 구체적으로 말한다. 마케팅 계획을 세우기 위해서 타겟 리서치를 하고 있는 중이라면 타겟이 될 대상의 어떤 항목이 궁금한지 구체적으로 얘기한다.

"우리 제품은 유기농 천연 화장품이야. 유기농 천연 화장품에 관심이 있을 성별과 나이를 알려주고, 그들이 요즘 좋아하는 트렌드는 무엇이 있는지 알려줘."

3)예시 추가하기

보통은 원하는 결과를 얻기 위해 AI와 여러 번 대화를 나누는 것이 기본이다. 우리가 정보 검색을 할 때 한 번에 원하는 정보를 찾지 못하는 것과 유사하다. 이때 확률을 높이려면 예시를 써주면 좋다. 특히 이미지나 동영상을 생성할 때는 예를 꼭 써줘야 원하는 결과에 가깝게 다가갈 수 있다.

"파리에서 유명한 관광지를 방문하기 위한 최적의 여행 경로를 알려줘. 예를 들어, 에펠탑에서 시작하여 루브르 박물관을 방문한 후 세느강을 따라 산책하고 몽마르트 언덕에서 일몰을 감상하는 등의 관광지를 포함한 경로를 알려줘."

4)결과의 포맷과 톤

내가 원하는 결과물의 포맷과 글의 톤도 프롬프트에 구체적으로 밝힌다. 서론, 본론, 결론이 들어간 논술 형식이 필요한 것인지, 보고서에 들어가는 요약 글이 필요한지, 상세한 실행 과제 목록이 필요한 것인지. 결과 값의 모양을 프롬프트에 입력해야 정확한 결과를 얻을 수 있다.

"신제품 런칭 마케팅 계획서를 작성해야 하는데 공식적인 보고서에 쓸 큰 목차 제목을 뽑아주고 들어가야 하는 내용을 요약해서 기술해줘. 보고서이기 때문에 공식적인 톤으로 작성해줘."

이런 내용이 들어간 프롬프트라도 원하는 답변을 얻을 때까지 실험과 조정을 반복해서 거쳐야 한다.

찐팬 만드는 아이디어 얻기

찐팬을 정의하고 만나는 과정을 기획하는 단계에서 생성형 AI를 어떻게 활용할지 얘기해보자. 실제로 챗GPT와 구글의 제미나이 두 가지를 동시에 써보면서 업무를 해보니, 여러 명이 고민해서 정리해주는 것 같았다.

1) 시장과 경쟁사 알아보기

우리의 "찐"을 정의한 후 비슷한 찐을 가진 시장과 경쟁사를 알아보고 트렌드를 들여다볼 때, 이를 AI에게 요청하면 30초도 걸리지 않는 시간에 여러 정보를 제공해준다.

몇 달 전 어느 기업의 컨설팅을 맡을 일이 있었는데, 피부 재생용 나노 제품을 만드는 회사였다. 의약품 분야는 다소 생소한 곳이어서 챗GPT를 이용해 몇 가지 질문을 해보고는 빠르게 시장 현황과 주요 플레이어들을 확인할 수 있었다.

"당신은 나노 소재로 피부재생을 돕는 회사의 마케터야.

마케팅 계획을 위해서 전체 시장과 주요 경쟁사를 알아야 해. 피부에 붙이는 나노 패치 시장의 대한민국 내 시장 규모와 시장 내 상위 제품 3개 정도를 알려줘. 그리고 해외에는 어떤 제품이 인기 있는지도 알려줘."

이런 예시를 통해 빠르게 시장 규모와 상위 제품 리스트업을 할 수 있는데, 여기에서 언급된 주요 제품에 대해서는 더 자세하게 강점과 약점, 핵심 고객이 누구인지를 물어봐서 우리가 접근해야 할 타겟에 대한 힌트를 얻을 수 있다.

"경쟁사 ○○○ 브랜드의 ○○○○ 패치의 강점과 약점은 무엇인지 정리하고, 그들의 고객은 누구이며, 고객들이 왜 제품을 좋아하는지 정리해줘. 이를 표 형태로 정리해줘."

물론 이렇게 질문한다고 해서 완벽한 답을 얻는 데에는 한계가 있다. 구체적인 기획을 하기 위한 힌트를 얻고 이를 바탕으로 가설을 세우는데 도움을 얻는다, 정도로 생각하는 게 좋다.

그동안은 이런 기초적인 데이터를 만드는 데에만 여러 시간이 걸렸지만, 이제는 AI를 이용해 짧은 시간 안에 비교적 정확한 정보를 얻을 수 있다. 생산성 향상에 큰 도움이 된다.

2)타겟 고객과 고객 페르소나 정의하기

타겟 고객를 정의하는 과정에서 AI를 어떻게 활용할 수 있는지 알아보자.

"얼굴 상처나 여드름에 붙이는 나노 패치 제품의 주요 타겟은 누구인지 알려줘. 성별 연령과 함께 타겟의 주요 특징도 같이 알려줘."

이 질문에 대해 챗GPT와 구글 제미나이, 뤼튼은 다소 비슷하지만 각각 다른 답변을 해줬다. 그 중 구글과 뤼튼은 연령대를 10~30대로 한정해서 답한 반면, 챗GPT는 전 연령대라고 답을 했다. 이런 점을 보았을 때 인공지능이 얘기해주는 사실을 그대로 믿고 따르기보다는 한 번 더 확인 과정을 거치는 것이 좋겠다.

"이 타겟 중에서 구체적인 페르소나를 만들어줘. 이름, 성별, 나이, 직업, 좋아하는 것, 자주 사용하는 인터넷 서비스, 자주 사용하는 SNS, 피부관리에서 중요하게 생각하는 점, 지금 사용하는 나노패치를 쓰면서 불편해하는 점 등을 넣어서 만들어 줘."

이렇게 프롬프트 지시를 했을 때 구글 제미나이는 제대로 된 페르소나가 나오지 않았지만, 뤼튼과 챗GPT는 25세 여성의 페르소나를 꽤 구체적으로 완성해주었다. 페르소나를 구체화하면 우리가 집중해야 하는 마케팅 채널이 압축되고, 타겟 고객이 중요하게 생각하는 점 등을 중심으로 메시지 뽑기가 쉬워진다.

혼자서 여러 가지 일을 해야 한다면 인공지능을 꼭 이용해보기를 추천한다.

콘텐츠와 카피 만들기

생성형 AI를 활용할 때 가장 큰 도움은 아무래도 콘텐츠를 만드는 것이다. 말 그대로 "생성"을 해주기 때문에 내가 해야 할 일을 확 줄여주는 것임이 분명하다.

1)SNS 콘텐츠 작성하기

블로그 콘텐츠를 만들 때 반드시 포함되어야 하는 키워드가 있고 주제도 있다. 이런 조건과 글자 수까지 정해서 블로그 콘텐츠를 만들어 달라고 요청하면 된다. 블로그 성격에 맞는 톤으로 바꾸거나 기존에 썼던 예시가 있다면 예시를 입력해서 보여주고 비슷한 톤으로 만들어 달라고 요청해도 된다. 그러면 단 몇 분 만에 뚝딱 포스팅 한 개가 완성된다. 그런 다음, 추가되어야 할 것이 있는지 없는지 확인만 하면 된다.

블로그뿐만 아니라 인스타그램 콘텐츠 역시 비슷하게 주요 키워드를 포함해서 요청하면 된다.

"찐팬을 만들기 위해서는 우리 브랜드의 '찐'을 정의하는 것이 중요해. 여기서의 '찐'은 브랜드가 가진 '찐'과 브랜드를 사랑하는 고객의 '찐'을 함께 의미해. 브랜드 입장에서는 고객에게 '진심으로 전달하고 싶은 자신들의 차별화된 강점'이며, 고객 입장에서는 브랜드가 가진 '찐'을 인정하고 좋아해서 '진정한 팬이 되는 것'을 의미해. 이런 정의를 바탕으로 찐팬을 찾는 방법에 대한 블로그 글을 쓰려고 해. 1,000자 정도로 '브랜드의 찐팬을 찾는 방법'이라는 제목으로 블로그 글을 써줘. '브랜드의 찐' 이라는 키워드가 최소 6번 정도는 들어가야 해."

똑같은 내용으로 인스타그램으로 만들 때는 내용이 조금 더 축약되어야 한다. 위 프롬프트의 결과 값을 기반으로 인스타그램 용으로 정리해 달라고 아래와 같이 요청해보았다.

"이 내용을 인스타그램 릴스로 만들 수 있게 간단하게 정리해줘. 친절하면서 위트 있는 톤으로 정리해줘."

같은 내용이라 하더라도 전달 매체에 따라서 콘텐츠

성격이나 포맷 등이 바뀌는 만큼, 이를 구체적으로 지시하고 주문하면 괜찮은 결과물이 나온다.

2)광고 문안과 상세페이지 카피 만들기

가장 쉽게 도움을 받을 수 있는 부분이 바로 카피와 슬로건을 만드는 것이다. 마케터는 광고 문안을 만들고 상세페이지 카피를 수정하는데 많은 시간을 보낸다. AI를 이용해서 이 일을 할 경우 홍보하고자 하는 제품, 타겟층 등을 입력한 뒤 카피를 요청하면 된다. 카피는 짧은 문장 하나로 고객의 마음을 사로잡아야 하는 만큼 마음에 드는 카피를 찾을 때까지 여러 단계를 거치는 것이 중요하다.

최근에 교육 출판을 하는 회사 한 곳을 만나 여러 가지 고민을 듣고 간단히 멘토링을 한 적이 있다. 출판사만의 특별한 정체성이 홈페이지나 인스타그램에서 보이지 않아 간단한 가이드를 해주었다. 이때 구글과 챗GPT를 이용해 회사의 정체성을 설명할 슬로건을 뽑기도 했다. 이때 사용했던 프롬프트는 다음과 같다.

"당신은 발도르프 교육 관련 콘텐츠를 중심으로 책을 만드는 출판사야. 책을 읽는 주타겟 독자층은 30대 임신 출산을 앞둔 여성들부터 미취학 아이를 양육하는 40대까지의 여성들이고, 마음의 치유를 목적으로 활동하는 예술가들이야. 우리 출판사의 목표는 인간성 회복을 위한 교육, 인간을 정신 존재로 바라보는 것이고 작은 씨앗 안에 담긴 잠재력을 잘 발달하도록 도울 때 거대한 나무가 될 수 있다는 비전을 갖고 있어. 그래서 출판사 이름이 ○○○○이야. 이 ○○○○을 설명해줄 슬로건 세 가지 정도를 만들어줘."

이와 같은 내용으로 광고 카피나 상세페이지에 들어갈 헤드카피와 바디 문구를 만들어 달라고 하면 완벽하지 않지만 다양한 예시를 보여주며 아이디어를 제공한다. 멘토링을 했던 기업은 이렇게 제안한 카피 중 하나를 발전시켜 신제품 슬로건을 만들었다.

이미지 및 동영상 만들기

텍스트뿐만 아니라 이미지와 동영상까지도 생성형 AI로 만들 수 있다. 이미지 생성 AI로는 달리(DALL.E), 미드저니(Midjourney), 파이어플라이(Firefly), 스테이블 디퓨전(Stable Diffusion) 등이 있다. 이 중 달리3는 자체 웹사이트에서 서비스하는 것 외에도 검색 사이트 '빙'에도 내장되어 있다. 빙에서는 챗GPT도 함께 서비스한다. 달리와 함께 경쟁 구도를 이루고 있는 미드저니는 채팅 프로그램인 디스코드(주로 게임 유저들이 많이 사용하는 채팅 프로그램) 채널을 기반으로 서비스한다. 그래서 각자 생성한 이미지를 서로 공유하고 채팅을 나누는 등의 커뮤니티 같은 성격이 매우 강하다. 개인적으로는 퀄리티 면에서 미드저니의 결과물이 달리보다 더 좋다고 판단된다.

오픈AI에서는 2024년 2월 소라(SORA)라는 동영상 생성 AI를 공개한 뒤 엄청난 반향을 일으켰다. 텍스트 프롬프트를 바탕으로 60초 길이의 사실적인 영상은 실제 촬영한 영상과 거의 구분이 안 될 정도로 높은 품질을 보여줬다. 아직 상용화는 안 되었지만 향후 마케팅, 교육, 엔

터테인먼트 분야에서 활용 가능성이 매우 높을 것으로 예상된다.

AI를 이용해 마케터(찐팬을 만드는 담당자)가 만드는 이미지나 영상은 SNS 게시물이나 썸네일 정도로 사용하면 된다. 전문적인 이미지는 디자이너에게 부탁해서 만들어야 하겠지만, 간단한 썸네일이나 인스타그램, 블로그 포스팅에 올릴 이미지는 직접 AI를 이용해 만들 수 있다.

텍스트로 표현한다고 생각하고 프롬프트를 작성해보자. 대상 주제는 명확한 명사로 표현하고, 명사의 동작이나 모습을 형용사와 동사로 써준다. 한 문장으로만 써도 되지만, 주제가 되는 대상과 함께 그 배경에 대해 조금은 상세하게 설명할수록 원하는 이미지가 나온다. 색상을 정해주거나, "~을 하고 있는" "~느낌의" "배경은 ~이 나오는" 식으로 구체적인 표현을 하게 되면 원하는 이미지를 좀 더 빠르게 얻을 수 있다.

"해 질 녘 구불구불한 해안도로를 따라 운전하는 빈티지 레드 컨버터블 자동차와 험준한 절벽에 부서지는 파도, 하늘 높이 나는 갈매기의 이미지를 만들어줘."

　그림이 실사 사진으로 표현되는 것이 좋은지 2D, 3D, 애니메이션 등이 좋은지 구체적으로 얘기한다. 위의 이미지를 애니메이션 스타일로 바꿔달라고 했더니 다음과 같은 이미지로 바뀌었다.

텍스트 콘텐츠, 이미지나 동영상 콘텐츠 모두 프롬프트를 기반으로 한다. 따라서 프롬프트를 어떻게 잘 입력할 수 있는지 고민하는 것이 AI 활용의 핵심 스킬이 된다. 최근에는 프롬프트만 전문적으로 다루는 엔지니어를 채용하는 추세도 있다. 글을 다루는 것에 익숙한 마케터나 기획자라면 생성형 AI를 이용해 그동안 가지지 못한 기술적 힘을 얻을 수도 있다. 개발자나 디자이너의 도움 없이도 글만으로 그림을 그리고 음악을 만들고 코드를 짜기 때문이다. 생성형 AI 서비스를 이용해 마케팅의 생산성을 높이고 영감을 얻을 수 있다면, AI는 충분히 신뢰받는 동반자가 될 수 있다.

3부

찐팬과 열애중인 브랜드

14
문제 해결을 위한 플랫폼, 그로우앤베터:
경험과 경험이 연결되어 성장을 낳는 플랫폼

지금까지 우리의 찐을 정의하고, 우리의 찐을 사랑해줄 고객을 찾는 것까지 그리고 이들과 어떻게 커뮤니케이션 해야 하는지를 살펴보았다. 이제, 실제 찐팬을 만들어 가고 있는 몇몇 기업의 사례를 살펴보고자 한다. 찐팬을 만드는 것에 성공한 기업들이다.

첫 번째 소개할 기업은 그로우앤베터이다. 그로우앤베터는 "선배가 후배를 돕는다"는 개념으로 먼저 경험한 사람의 교육과 콘텐츠로 개인 또는 회사의 문제 해결을 돕는 플랫폼 서비스다. CX 강의로 시작했던 그로우앤베터는 어떻게 찐팬을 만들 수 있었는지 그리고 현재 상황은 어떤지 천세희 대표의 얘기를 들어보았다.

노션으로 홈페이지 만들고, 가장 잘하는 CX 강의로 시작

천세희 대표는 네이버, 배달의민족 등에서 커리어를 쌓았고, 클래스101과 채널톡 같은 스타트업에서는 서비스 운영 총괄을 맡았다. 회사를 그만두고 일을 쉬는 중간에는 여러 스타트업들로부터 운영 관련 자문 요청을 많이 받았다. 동시에 좋은 사람을 소개해 달라는 부탁도 많이 받았다. 하지만 천대표는 이 모든 걸 혼자서 다 해결해줄 수는 없고, 어떻게 하면 자신이 경험한 것을 전달하고 인력 문제까지도 해결할 수 있을까를 고민하다 온라인 교육 사이트인 그로우앤베터를 오픈했다.

처음에는 홈페이지도 없이 노션으로 사이트를 만들고 네이버 예약과 페이를 연결해서 시작했다. 쉽고 빠르게 일단 시작해 보는 것으로 속도를 높였고, 본인이 가장 잘할 수 있는 주제인 CX(Customer Experience)강의로 문을 열었다.

명확한 고객 페르소나, 수강생 50%가 리더급

코로나가 한창이던 2021년, 여러 온라인 교육 서비스들이 각처에 포진해 있었다. 그러다 보니 그로우앤베터는 타겟을 차별화하고 정교화할 필요가 있었다. 보통은 주니어, 신입 사원을 대상으로 하는 직무 교육이 많은데, 그로우앤베터는 이들 대신 중간 관리자와 C레벨을 위한 강의를 만들었다.

스타트업에 있다 보면 단 1-2년 만에 리더가 되기도 한다. 하지만 한 번도 겪어보지 못한 리더의 역할을 감당한다는 것은 쉬운 일이 아니다. 그럼에도 스타트업 대상의 창업 지원 프로그램에는 이들을 대상으로 하는 교육이 드물다. 그로우앤베터는 실제 스타트업 팀장들에게 가이드가 될 수 있는 경험 있는 리더를 발굴하고 이들의 강의를 기획했다. 현장에서 비슷한 문제를 먼저 경험해 본 사람이 자신과 유사한 경험을 하는 사람을 돕는 방식이다.

겪어본 사람들이 가이드 해주는 리더 대상의 멘토링 프로그램은 스타트업 사이에서 조금씩 입소문이 나면서 알려지기 시작했고, 한 번 수강했던 분들이 자사의 C레벨(CEO, CFO, CMO처럼 회사 내 최고 책임자 그룹을 일컬음)에게 추천하고, 그 C레벨은 타사의 C레벨에게 다시 추천하는 일이 일어났다.

뾰족한 고객 페르소나 설정과 그들의 페인 포인트를 해결하는 것이 왜 중요한지 알 수 있는 지점이다.

그로우앤베터의 핵심은 콘텐츠

천세희 대표는 그로우앤베터의 본질을 콘텐츠로 보고, 성공하거나 실패했던 경험을 교육 콘텐츠로 풀어서 전달하는 것을 핵심으로 삼았다. 누군가가 생생하게 경험한 일이 누군가에게는 유용한 콘텐츠가 되고 다른 이의 성장을 돕는 데 사용되는 방식이다.

CX강의를 시작으로 오퍼레이션, 경영, 전략, 마케팅,

개발, 재무, IR 등으로 주제를 확장했다. 이론적인 내용을 전달하는 강의가 아니라 실제 경험을 바탕으로 한 사례 중심의 교육은 기존 강의들과 차별화되면서 탄탄한 콘텐츠 마케팅의 재료가 되었다.

다시 한번 정의해보면, 그로우앤베터의 본질은 '해결해본 사람들의 경험'이다. 초기 창업 기업에게 있어서 우리가 고객에게 제공하는 것의 본질이 무엇인지, 경쟁사 대비 어떤 차별점이 있는지 정의해 보는 것은 매우 중요하다. 본질은 앞에서 수차례 얘기했던 "찐"이다. 찐을 정의하고 나면 우리가 무엇에 집중해야 하는지가 명확해진다.

온드미디어, 뉴스레터와 블로그

그로우앤베터는 강의 오픈 전 일부 콘텐츠를 블로그에 맛보기 형태로 게재한다. 몇 주에 걸쳐서 일종의 티저 광고처럼 교육 내용을 흘려준다. 그런 다음 자연스럽게 프로그램으로 연결되는 링크를 심는다. 그리고 스타트업

경영과 관련된 해외 블로거의 좋은 내용 등을 번역해서 블로그에 올리기도 한다. 이렇게 강의 기반 콘텐츠와 다양한 주제의 스타트업 관련 글을 기반으로 뉴스레터 구독자를 모았다.

자사 비즈니스의 핵심을 온드미디어 채널(블로그와 뉴스레터)을 통해서 꾸준하게 그리고 쉼 없이 커뮤니케이션하는 작업은 서비스를 런칭한 이후까지도 중요한 마케팅 활동이 되고 있다.

고객을 열심히 만난다는 것

콘텐츠 외에 천세희 대표가 강조한 또 다른 것은 고객을 매주 만나는 일이다. 작은 기업이 고객을 직접 만나게 되면 어떤 것을 얻을 수 있을까? 고객이 어떤 문제로 고통을 겪고 있는지 현장에서 바로 가감 없이 들을 수 있다. 강의를 통해서 온라인에서 만나고, 강의 후속 작업으로 멘토링을 하면서 만나고, 그 외 회사 밖 다양한 단체나 프로그램에서 멘토나 강사로 활동하면서 또 만나고, 그렇게 끊임없이 고객을 만나면서 어떤 것이 가장 어려운지 현장에서 직접 듣는다.

책상에서 기획할 때는 얻을 수 없는 것을 고객을 직접 만나면 얻을 수 있다고, 천세히 대표는 사업 초기에 직접 고객을 만나보는 것이 얼마나 중요한지를 여러 번 강조한다. 그리고 이 내용은 자신의 강의에서도 빠지지 않는 것이라고 한다.

돈을 많이 들이는 리서치나 FGI가 아니라 실제 고객을 만날 수 있는 현장에서 고객의 목소리를 듣는 것은 책상에 앉아서 남이 해온 리서치 결과를 보는 것의 10배 정도의 경험과 배움이 있다. 이렇게 고객과의 커뮤니케이션으로 다져진 그로우앤베터는 현재 아름다운 데이터를 만들고 있다.

오가닉 유입 44%, 재구매율 평균 77%

그로우앤베터에서 서비스하는 모든 콘텐츠의 트래픽 기여와 고객의 행동을 분석해보면 오가닉 유입이 무려

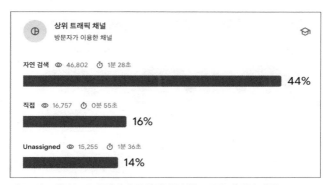

자료. 믹스패널 '그로우앤베터 유입채널 분석', 그로우앤베터 제공

44%, 사이트로 직접 들어오는 유입이 16%에 이른다. 즉, 돈을 쓰는 광고 없이도 자연 유입만으로 무려 60%의 트래픽이 발생한다. 그리고 강의를 한 번이라도 들었던 고객의 재구매율은 77%에 달한다. 국내 이커머스 평균 재구매율은 22%*인 것에 비하면 엄청난 숫자다. 이 같은 숫자는 타겟을 잘 선정하고, 그들을 첫 번째 고객으로 만들고, 그 고객이 다시 찐팬이 되어 또 다른 고객을 데리

* 이진호 기자, NHN데이터 "쇼핑몰 재구매 비율 22%, CDP로 성과 높여야", 〈바이라인 네트워크〉, (2022.10.4)

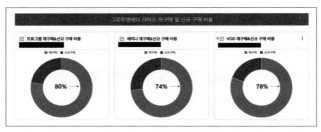

자료. 믹스패널 '그로우앤베터 구매 비율 분석', 그로우앤베터 제공

고 올 수 있게 서비스를 설계하고 확장해나간 덕분이다. 스타트업이나 작은 회사들이 사업 초기에 자신들의 찐 팬이 누구인지 잘 정의하고, 이들을 대상으로 비즈니스를 시작해야 한다는 기본을 확인할 수 있다.

AI기반 HR 서비스로 확대

현재 그로우앤베터는 서비스 확장에 박차를 가하고 있다. 지금까지 강의나 프로그램, 세미나 등에 참여한 기업은 6,500여 개 정도가 된다. 이들은 성장(Grow)을 경험하고 더 나은(Better) 것을 얻고자 그로우앤베터를 방문했다.

그리고 수업받은 내용대로 일하려고 노력했다.

그로우앤베터는 최근 이들을 대상으로 'AI 기반 직무 트렌드 분석' 서비스를 오픈했다. 직무와 연차별로 필요한 역량을 체크해 볼 수 있으며, 특정 직무의 일을 원하는 회원들은 기업에서 요구하는 연차별 직무 역량을 확인하고 자신에게 부족한 부분을 강의와 콘텐츠로 보완할 수 있도록 했다. 또한 다양한 직무별 역량을 비교하여 현재 자신과 이직하고자 하는 직무 사이의 필요 역량을 비교해 부족한 부분을 교육으로 커버할 수 있도록 했다.

천세희 대표는 내년(2025년)이면 그로우앤베터를 교육 회사라고 말하지 않을 것이라고 자신감을 내보인다.

작은 비즈니스는 "찐" 팬을 만들고 그들을 만족시킬 때 성장한다. 그로우앤베터는 그런 기본적인 전략을 잘 실천하고 있다. 빠르게 성장하는 스타트업의 교육 니즈를 확인하고, 이를 해결하기 위해 현장 중심의 경험자로 교육 콘텐츠를 구성한 점은 사수를 필요로 하고, 멘토를 필요로 하는 신생 조직의 구성원들에게 크게 어필되었다. 현장 경험자의 교육과 강의는 전문 강사 출신의 교육이 아니기 때문에 내용이 빈약하거나 강의 역량이 떨어질 수 있다는 우려에도 불구하고 그로우앤베터는 자체 기획 역량으로 이를 잘 커버했다. 이렇게 그로우앤베터를 거쳐 간 고객들은 현장에서 경험을 쌓고 다시 자신의 경험을 후배들에게 전달하고 있다.

그로우앤베터의 팬은 강사이기도, 수강생이기도 한 진짜 "찐"팬이다. 앞으로 더욱 새로운 모습으로 성장해 있을 그로우앤베터를 기대해 본다.

15
뷰티 계의 파타고니아, 율립:
클라우드 펀딩을 통한 고객과의 만남

지구와 환경을 진정으로 생각하는 브랜드하면 어떤 곳이 가정 먼저 떠오를까? 언젠가부터 파타고니아가 가장먼저 생각난다. 그렇다면 우리나라 브랜드 중에서는? 금방 머릿속에 그려지는 곳은 없다. 그런데 이 작은 뷰티회사를 알고부터 지구와 환경을 말하면 이 브랜드가 가장 먼저 떠오른다. 바로 "사람과 지구의 공존을 위한 뷰티"라는 브랜드 슬로건을 갖고 있는 율립이다.

율립을 이끌고 있는 원혜성 대표로부터 어떻게 회사를 시작하게 되었는지, 그리고 고객들과는 어떻게 커뮤니케이션하는지 들어보았다.

창업자의 경험은 진정성의 밑바탕으로

원혜성 대표는 10년 동안 잡지사의 뷰티 에디터로 일했다. 새로운 뷰티 브랜드가 런칭되거나 시즌에 따라 신제품이 출시되면 이를 경험하고 취재하는 일이었다. 하지만 정작 본인은 감광성 알레르기(흔히 햇볕 알레르기라고도 한다)를 갖고 있어서, 직접 소개하거나 픽하는 화장품을 써보지 못했다. 자신은 피부과에서 추천하는 제품이나 해외에서 직구한 천연 화장품만 사용했다.

한 번은 피부 상태가 너무 좋지 않아 병원을 찾았더니 더이상 립스틱을 쓰지 말라고 했다. 의사는 리무버로 지워도 립스틱 성분이 남아 있어 피부 트러블의 요인이 된다며 사용 자제를 권했다. 여성에게 색조 화장품은 기분을 전환하거나 자신을 꾸미기 위한 중요 요소다. 그중 립스틱은 가장 포인트가 되는 색조 화장품인데, 더이상 쓰지 말라니, 원 대표에게는 청천벽력 같은 소식이었다.

원대표는 이후 회사를 그만두고 출산을 하고, 구글 캠퍼스에서 운영하는 《Campus For Mom》이라는 프로그램에서 창업 준비를 했다. 그리고 그곳에서 화장품과 관련된 자신의 페인 포인트를 활용한 비즈니스 아이디어를 떠올렸다. 즉, 예민한 사람들을 위한 천연 성분 100%로 만들어진 립스틱, 아이들도 쓸 수 있고 암환자들도 쓸 수 있는 립스틱을 개발해서 판매하기로 한 것이다. 이후 자녀의 이름과 립스틱의 립 자를 합쳐서 '율립'이라는 브랜드를 만들었다. 미국 USDA와 영국 Soil Association 인증을 받은 안전한 원료들로 만든 율립 립스틱은 이렇게 해서 탄생했다.

진정성에 공감한 고객을 모으는 클라우드 펀딩

창업 초기 원혜성 대표는 혼자서 모든 준비를 했다. 처음에는 립스틱을 만들면서 아이(eye) 제품도 함께 만들려고 했지만, 천연성분의 아이제품을 만드는 공장을 찾을 수 없어 어쩔 수 없이 립스틱으로만 사업을 시작했다. 그런데 율립이 제품 출시를 앞두고 있을 때 대기업에서 비슷한 컨셉의 립스틱이 출시되었다. 당연히 작은 스타트업이 대기업과 경쟁하는 것은 불가능했다. 주변에서는 아이디어만 계속해서 뺏길지 모른다며 그만두라는 얘기를 많이 했다. 하지만 원 대표는 클라우드 펀딩으로 친환경 제품의 가치를 고객들이 얼마나 인정하고 반응하는지 일단 가능성을 테스트해보기로 하고, 테스트에서 실패하면 과감하게 사업을 접기로 했다.

율립은 2017년 7월 클라우드 펀딩 사이트인 텀블벅에서 첫 번째 펀딩을 오픈하고 500만 원을 목표로 설정했다. 그런데 시작 3일 만에 1,700만 원을 달성하는 대성공을 이뤄낸다. 천연 성분으로만 만든 립스틱, 지구와 환경을 생각하는 유기농 원료만 고집하는 율립의 가치에 공감하고 동의하는 고객을 만나보고자 테스트하는 정도였지만 결과적으로는 할 수 있다는 가능성을 확인하는 순간이었다.

클라우드 펀딩은 펀딩 참여자들로부터 자금을 보조받고 사업을 시작하는 것으로 소비와 투자가 동시에 이루어지기 때문에 창업 자금이 부족한 기업에게 좋은 기회를 제공한다.

율립은 텀블벅의 성공 이후 카카오 메이커스로부터도 연락을 받고, 그곳에서도 마찬가지로 완판 행진을 기록했다. 초기에 제작한 물량을 3개월 만에 모두 소진하는 기록을 세웠다.

친환경 시장의 특성을 반영해 아마존으로

유통 전략 역시 마케팅에서 중요한 부분이다. 뷰티 제품은 브랜드를 만드는 회사보다 유통사(채널) 중심으로 돌아가는 시장이다. 채널에서 가격 전략을 어떻게 가져가느냐에 따라 그리고 채널 프로모션을 어떻게 진행하느냐에 따라 매출은 달라진다.

뷰티 업계에서 율립과 같은 스타트업이 살아남으려면 그곳의 생태계 섭리를 따라가야 하겠지만 원혜성 대표는 그렇게 채널에 휘둘릴 수 없다고 생각했다. 유통 채널을 확장하게 되면 유통사에 고개 숙이고 들어가야 하고, 그러다보면 유통사의 정책을 무조건 따라야 한다. 이렇게 해서는 궁극적으로 자신의 힘을 키울 수 없다고 생각했다. 그래서 원 대표는 유기농 원료에 대해 한국보다 더 민감한 미국으로 시선을 돌려 아마존에 진출하기로 결정하고, 펀딩에 성공한 자신감을 갖고서 과감한 도전을 결행했다.

그런데 이번에도 여러 사람들의 우려를 불식시키며 아마존 런칭 두 달 만에 'Amazon choice'에 선정되면서 엄청난 성공을 거뒀다. 작은 기업도 아마존을 이용하게 되면 고객으로부터 좋은 평가를 받을 수 있다는 성공 스토리의 사례로, 아마존 셀러 모집의 모범 사례로 인용되기도 했다.

아마존 율립 판매 페이지

이렇게 성공 가도를 이어가던 율립은 결국 2019년 큰 규모의 투자까지도 받게 된다.

"찐"이라는 진정성이 곧 마케팅

아마존의 성공을 기반으로 본격적으로 미국 시장 진출을 준비하던 중 코로나 사태가 터졌다. 미국으로 오갈 수도 없는 상황에 모든 행사는 취소되었다. 또 모두가 마스크를 쓰는 상황에서 립스틱 외에는 다른 상품이 없는 율립은 매출 하락의 직격타를 피할 수 없었다.

이럴 때, 대부분의 회사들은 움츠리고 새로운 시도를 더 이상 하지 않는 것이 일반적이다. 하지만 원혜성 대표는 코로나 이후를 이때 준비하지 않으면 안 된다는 생각에 남들이 다 말리는 새로운 도전을 시작한다. 정말 지구와 환경을 생각하는 찐이 아니라면 할 수 없는 생분해 성분의 플라스틱 케이스 개발이었다. 이번에도 대기업도 하지 않는 것을 왜 스타트업이 하느냐고 모두가 말렸지만 원혜성 대표는 고집을 굽히지 않았고, 1년 반이라는 시간을 거쳐 외형은 씨앗을 닮은 그리고 생분해가 되는 립스틱 케이스 개발에 성공한다.

　그렇게 율립은 코로나 시즌을 이겨냈고, 2023년 상반기에 이미 2022년 매출을 넘어설 정도로 빠르게 성장을 거듭했다. 그리고 립스틱 밖에 없던 제품 라인에도 변화가 생긴다. 남원시와 함께 '지리산 눈물 세럼'을 개발하고, 이를 와디즈 펀딩으로 처음 선보여 펀딩 금액으로 1억 원을 훌쩍 넘기는 결과를 만든 것이다. 지리산 눈물 세럼의 원료는 남원시에서 생산되는 왕대줄기 추출물을 기반으로 했다. 율립은 앞으로도 지역에서 생산되는 천

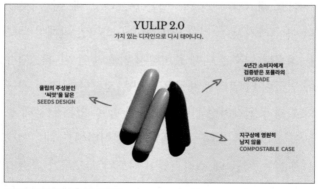

율립 생분해 플라스틱 케이스

연 원료를 기반으로 제품 개발을 계속해서 시도하려고 한다. 원대표는 이런 일이 지역과 환경을 동시에 살리는 일이라고 말한다.

가치에 공감하는 고객들과의 커뮤니케이션

율립은 일반적인 뷰티 회사들이 하는 유통 채널 기반의 프로모션이나 광고를 하지 않는다. 자체 인스타그램 채널과 블로그를 통해서 마케팅을 하고 광고도 채널 중심으로만 소소하게 진행한다. 그리고 클라우드 펀딩을 통해서 율립의 가치에 동의하는 고객들하고만 지속적인 커뮤니케이션을 한다.

원대표는 지리산 눈물 세럼을 런칭하면서 라이브 방송과 뷰티 클래스를 진행했는데, 율립이 지향하는 가치를 좋아하고 인정해주는 찐 고객이 많음을 새삼스레 다시 알게 되었다고 했다. 이런 찐 고객 덕분에 2024년 여름에는 판교 현대백화점과 더현대 서울에서 팝업스토어를 열고 오프라인 행사를 열기도 했다.

율립은 여전히 작은 회사지만 율립을 사랑하는 찐 고객들은 계속해서 늘고 있다. 그리고 해외 확장도 계속해서 시도 중이다. 앞으로 율립이 어떻게 자신들의 가치를 유지하면서 성장을 계속 이어갈 수 있을지 기대가 된다. 작은 회사들은 율립처럼 어떤 외부 반응에도 흔들리지 않고 진심으로 변하지 않는 그 무엇을 가져야 한다. 그래야 그에 동의하는 고객들이 모여든다. 그리고 이 고객들은 단순히 대기업, 브랜드, 가격으로만 제품을 찾지 않는다. 자신의 가치관과 어울리는 제품을 찾는다. 우리가 만나야 할 찐팬도 바로 이런 고객이다.

16
비건 팬들의 베이커리, 망넛이네:
대표가 직접 CS를 하며 찐팬과 소통

한국 채식 연합에 따르면 국내 채식 인구는 약 250만 명 정도로 그 중 절반 정도가 MZ 세대로 추정된다*. 일반적인 채식주의보다 조금 더 적극적으로 동물에서 나오는 일체의 모든 식품을 먹지 않는 사람들이 '비건'이다. 이들은 우유와 달걀을 포함하여 동물성 식품도 전혀 먹지 않는다.

---

* 이소아 기자, "풀 먹는 게 비건이 아녜요"…환경에 꽂힌 250만 '유연한 채식생활', 〈중앙일보〉, (2021.7.18)

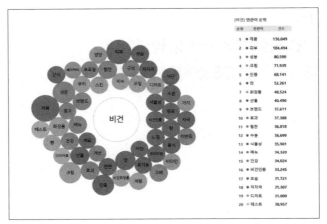

[비건] 연관어 순위		
순위	연관어	건수
1	제품	136,049
2	피부	104,494
3	성분	80,590
4	크림	71,939
5	인증	68,141
6	맛	52,261
7	화장품	48,524
8	선물	40,490
9	브랜드	37,611
10	효과	37,388
11	렵진	36,818
12	수분	36,699
13	식물성	35,901
14	메뉴	34,320
15	건강	34,024
16	비건인증	33,245
17	보습	31,721
18	저자극	31,307
19	디저트	31,000
20	테스트	30,957

자료. 썸트렌드 비건, 베이커리 관련 연관어

비건과 관련된 다양한 제품 중에서도 특히 빵, 디저트류에 대한 소비자의 관심이 증가하고 있는데, 비건 제품 브랜드 중 망넛이네가 화제를 얻고 있다. 이곳의 마케팅 활동을 리서치하다가 망넛이네 역시 찐팬을 거느린 브랜드임을 확인했다.

망넛이네는 인스타그램을 기반으로 고객들과 소통한다. 사업 초기부터 지금까지 변함이 없다. 처음 망넛이네가 팔았던 것은 빵이 아니라 견과류였다. 견과류를 자주 찾는 고객들은 다이어트에 관심이 많고, 이들은 또 과일에 대해서도 구매 선호가 높다는 것을 알게 된 조종우 대표는 일주일치 먹을 과일을 담은 소포장 박스를 만들어 '다이어트 과일박스'라는 이름으로 제품을 출시했다. 그러다 과일 박스에 빵을 넣어서 보내주게 되는데, 의외로 고객들이 동봉된 빵을 더 좋아했다. 빵 때문에 과일을 주문한다는 고객이 증가하기 시작했다.

견과류에서 과일 다시 빵으로 전환하는 과정이 우연 같지만 조종우 대표는 오직 고객만 생각하고 그들이 좋아하는 것만 제공한다는 생각으로 변화를 받아들였다. 통상 스타트업들이 비즈니스를 하다가 처음 기획했던 것과 다르게 사업 아이템이나 주제 등을 변경하는 경우가 있는데, 이를 '피봇팅'이라고 한다.

유제품과 밀가루를 잘 먹지 못하는 사람을 위한 빵

조종우 대표는 빵을 본격적으로 만들어서 판매 해보기로 결정하면서 어떤 빵을 만들까 고민이 많았다. 체질적으로 자신은 밀가루와 유제품을 잘 소화하지 못했다. 빵을 먹고 싶어도 잘 먹을 수가 없었던 그는 자신처럼 빵을 먹고 싶어도 잘 먹지 못하는 사람들을 위한 빵을 만들기로 결심했다.

보통의 창업 기업처럼 망넛이네도 시작은 대표의 페인 포인트를 해결하는 것이었다. 스타트업 창업 과정을 보게 되면 창업자의 어려움이 창업의 계기가 되는 경우가 많은데, 이러한 페인 포인트는 동일한 어려움을 겪고 있는 다른 고객과 연결되는 찐이 되고 나아가 브랜드의 팬이 만들어지는 원동력이 된다.

망넛이네 창업 멤버분 중에는 제빵 관련 일을 하던 분이 전혀 없었다. 조 대표는 이것이 오히려 시중에 없는 새로운 빵을 만드는 계기가 될 수 있다고 생각했다. 그러면서 글루텐이 없고, 우유, 버터, 계란을 쓰지 않으면서도 쫄깃한 식감의 빵을 만들고자 했다.

수차례 시행착오 끝에 2017년 5월 망넛이네 히트 제품 '찹싸루니'가 완성된다. 찹쌀로 만든 브라우니라는 뜻을 담고 있는 이름이었다. 빵이지만 떡 같은 쫄깃한 식감을 갖고 있으며 가운데 다양한 스프레드를 넣었다. 밀가루와 동물성 재료를 쓰지 않는 비건 빵은 흔치 않았기 때

출처. 망넛이네 홈페이지 '망넛이네 찹싸루니'

문에, SNS를 통해서 금세 입소문이 나기 시작했다. 비건 뿐만 아니라 다이어트를 하는 20대 여성들 사이에서도 큰 인기를 끌기 시작했다.

고객과의 소통, 인스타그램에서 매일 진행하는 이벤트가 브랜드 성장의 힘

밀가루 대신 찹쌀이라는 대체 원료를 사용하면서도 빵과 떡의 그 어디쯤에 해당하는 식감을 만들어 내고 동시에 맛도 잡아야 하는 것이 제품 개발의 핵심 과제였다.

이를 해결하는 과정에서 조종우 대표는 고객의 솔직하고 직접적인 목소리가 큰 도움이 되었다고 밝힌다. 그래서 지금도 직접 CS 대응을 할 정도로 고객과의 소통에 진심이다. 그리고 '망넛탐구생활'이라는 독특한 이름의 설문조사를 진행하면서 제품의 만족도를 조사하고, 고객의 의견을 듣고, 그러면서 끊임없이 신제품을 만들고 맛을 개선해나가고 있다.

망넛이네는 특별히 대외 광고를 많이 하지 않는다. 아주 기본적인 검색 광고만 한다. 가장 핵심적인 마케팅 채널은 인스타그램이다. 현재 망넛이네의 인스타그램 팔로워는 8.5만 명이다. 초기에 인스타그램을 기반으로 고객과 일일이 소통하고 커뮤니케이션 한 덕분에 인스타그램 기반으로 찐팬들이 모여들었다.

인스타그램에서는 매일 이벤트를 진행한다. 이벤트 방식은 매우 간단하다. 그날그날 인스타그램에 어떤 특정 키워드를 댓글로 다는 고객 중 추첨을 통해 망넛이네의 빵을 무료로 주는 것이다. 왜 이렇게 자주 이벤트를 여는지에 대해 망넛이네는 인스타그램 포스팅을 통해 직접 설명했다. 아직 망넛이네 빵을 못 먹어본 잠재 고객들이 망넛이네 빵을 맛보도록 하기 위해서라고 했다.

인스타그램 알고리즘은 많은 사람들이 계정을 방문하고, 더 오래 머물고, 인스타그램 안에서 더 많은 소통이 일어나는 포스팅과 계정을 밀어준다. 공지글만 포스팅하는 곳이 아니라 고객과 끊임없이 소통하고 대화가 일어나는 계정에 더 많은 노출 기회를 제공한다. 이렇게 한 번 노출이 되고 관계를 맺고 결국에는 경험해 보도록 하는 것이 망넛이네의 마케팅이다.

지금도 조종우 대표는 DM을 통해서 전달되는 메시지를 다 읽고 직접 답을 한다. 2023년 11월에 올라온 포스팅 하나는 망넛이네가 고객을 얼마나 애틋하게 챙기는지 잘 보여준다. 한국에 살면서 망넛이네 빵을 자주 먹던 고객이 결혼 후 해외로 가게 되었는데, 둘째 임신으로 빵이 너무 먹고 싶다는 사연을 인스타그램 DM으로 받고서 직접 영국으로 빵 배달을 간다는 포스팅이었다. 망넛이네의 이런 진심은 자연스럽게 고객들 사이에 바이럴을 일으키고 20, 30대 비건 팬들의 마음을 사로잡기에 충분했다.

고객에게 즐거움을 주기 위한 비즈니스

비건빵이라는 특수한 시장에서 참싸루니는 단일 빵 기준으로 판매량이 600만 개가 넘는다. 재구매율은 50% 이상을 상회한다. 단일 빵 제품으로 2024년 누적 매출액 200억 원을 기록했다. 일반적인 베이커리도 아닌 비건이라는 한정된 시장 내에서 단일 제품으로는 매우 놀라운 기록이다.

망닛이네가 이렇게 성장하는 밑바탕에는 조종우 대표의 중요한 비즈니스 철학이 있다. 비즈니스를 한다는 것은 일반적으로 돈을 벌기 위한 일이라고 심플하게 얘기할 수 있다. 그런데 조 대표는 '누군가에게 즐거움을 주기 위해서' 비즈니스를 한다고 얘기한다*. 어릴 때부터 누군가를 즐겁게 할 때 행복했다면서 사람들을 즐겁게 하려고 사업을 한다는 아주 특별한 철학을 내세우고 있다.

회사내 조직 문화에서도 고객에게 즐거움을 주는 일이 1순위이고, 그것을 위해서 다양한 시도를 하고 서로

* 스몰브랜더 스몰레터 이슈 037 (2023.7.19)

배우고 존중하는 태도로 일한다고 말한다. 번거롭지만 매일 인스타그램을 통해서 이벤트를 하는 이유도 고객들에게 즐거움을 제공하려는 목적이다.

유제품이나 밀가루 소화가 힘든 고객을 타겟팅해서 제품을 만들고, 대표가 직접 고객과 소통하며 제품의 개선과 마케팅 아이디어를 만들어내는 브랜드 망넛이네. 찐팬을 만드는 망넛이네의 방법은 대표가 직접 나서서 고객과 커뮤니케이션을 하는 것이다. 물론 현실적으로 어려울 수도 있고, 대표가 더 중요한 일을 해야 하는 것 아니냐고 말할 수도 있다. 하지만 망넛이네는 오히려 그 단순함을 지키고 유지했기 때문에 몇 번의 피봇팅에도 성공하며 지금에까지 이를 수 있었다. 찐 고객과의 긴밀한 소통과 끈끈한 유대 관계는 앞으로 무슨 제품을 팔든 고객의 지갑을 열게 하는 힘을 준다.

17
스테이를 큐레이팅하는 플랫폼, 스테이폴리오:
이야기가 있는 매거진, 뉴스레터

무신사는 소규모 디자이너 브랜드를 위한 플랫폼으로 이들의 성장을 지원한다는 비전을 갖고 있다. 그런데 무신사와 유사한 비전을 갖고 있는 숙박 예약 플랫폼 서비스가 있다. 단순히 고객과 숙소를 연결해주고 수수료를 받는 것이 아니라, '특별한 숙박'을 고객에게 큐레이팅하고 숙박 업체에게는 마케팅 전략을 제공하는 기업 스테이폴리오(STAYFOLIO)다. 스테이폴리오는 머물고 싶은 집을 뜻하는 'STAY'와 관점을 갖고 큐레이팅 하여 차곡차곡 모아둔 2절판의 책 'FOLIO'의 합성어다.

낡은 식당이 디자인 펜션으로

창업자의 스토리가 브랜드 스토리가 되고, 회사의 지향점이 되는 경우가 많다. 스테이폴리오의 이상묵 대표는 애플이나 테슬라를 보면서 '건축을 상품화하거나 제품으로 만드는 것이 왜 이렇게 어려울까? 할 수 있는 방법이 없을까?'하는 의문을 품었다. 그리고 이에 대한 답으로 스테이폴리오를 구상했다.

일반적으로 플랫폼 업체는 숙박업체로부터 소개 수수료를 받는 것이 전부다. 하지만 스테이폴리오는 여기에서 한발 더 나아가 '특별한 숙박'이라는 가치를 제공해 단순히 자고 가는 곳이 아니라 즐기고 머무는 곳으로 특별한 경험을 선사하도록 숙박 업체와 협력한다. 나아가 숙소(스테이)를 지역의 랜드마크가 되도록 해서 다양한 부대시설(식당, 카페 등)이 스테이 주변으로 만들어지는 선순환을 창출한다. 장기적으로는 지역 경제 활성화에도 도움이 될 것으로 본다. 그러기 위해 스테이폴리오는 해당 숙소만이 제공할 수 있는 특별한 가치(숙소 건축물 자체의 특별함이나, 숙소 내 콘텐츠-인테리어나 즐길 거리-를 이용한 특별함)를 발굴하고 이를 고객에게 큐레이션 한다.

특별한 큐레이션 서비스의 시작은 이상묵 대표가 부모님의 식당을 펜션으로 개조하면서 시작되었다. 서산 해미에서 부모님이 운영하시던 식당 영가든을 카페와 숙박 시설이 있는 공간으로 리모델링하고 '제로플레이스'라는 이름으로 개관했다. 단순한 숙박 시설이 아니라 '머무름이 쉼이 된다'는 철학을 담아서 모든 것을 내려놓고 쉴 수 있는 공간이라는 의미를 담은 이름이었다. 그런데 이 과정의 이야기가 블로그에 올라가고 사람들의 관심을 얻게 되면서, 결국에는 전국 각지의 스토리가 있는 숙박 공간을 찾아가 인터뷰하고 그곳을 소개하는 일이 시작되었다.

"머무는 장소는 누구에게나 추억을 선사합니다. 이러한 추억이라는 효용을 극대화하기 위해 장소를 선택하는 다양한 과정이 존재합니다. 아무런 사전 준비 없이 발걸음이 닿는 대로 우연히 빌리게 된 숙소에서 낯선 도시에서의 하룻밤을 보내게 되기도 하고, 때로는 사랑하는 사람과의 특별한 추억을 만들기 위해 며칠씩 치열한 고민을 거듭하여 장소를 찾게 되는 경우도 있습니다. 그렇게 여러 경로를 통해 만나게 된 특별한 장소와의 교감 내지는 공간에서 누릴 수 있는 가치를 공유할 수 있는 장을 만들고 싶었습니다."

(스테이폴리오 홈페이지 발췌)

제주 밭담집은 스테이폴리오에서 인기 있는 숙소(스테이)다. 밭담집은 제주 조천읍 와흘리에 위치한 옛 돌집을 새롭게 리노베이션한 곳으로 본래는 밭을 관리하기 위한 농가 주택이었다. 이곳을 허물지 않고 그대로 보존하면서 현대적인 감각으로 재해석해서 스테이폴리오 숙소로 탈바꿈했다. 귤밭의 풍경과 제주의 자연을 집 안에서도 오롯이 느낄 수 있도록 설계했다. 그 결과, 제주하면 떠오르는 관광 명소에 있는 곳이 아님에도 많은 사람들이 예약 대기를 할 정도로 인기 숙소로 자리매김했다.

스테이만의 가치와 스토리

스테이 정보를 큐레이팅하여 리뷰하는 '픽'(PICK)과 스테이폴리오 큐레이터가 직접 스테이를 방문하여 호스트와의 인터뷰를 통해 보다 깊은 이야기를 전달하는 '매거진'(MAGAZINE)은 숙소만의 특별한 이야기를 잘 보여준다. 이야기에는 호스트의 열망과 꿈이 있다. 마치 무신사가 디자이너의 작품을 소개하는 공간으로 무신사 매거진

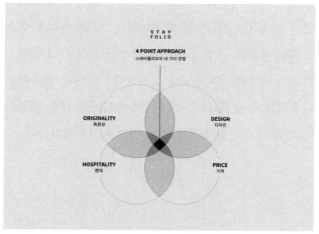

출처. 스테이폴리오 홈페이지 '스테이폴리오의 네 가지 관점'

을 만들고, 나중에는 디자이너의 작품을 홍보뿐만 아니라 판매하는 곳으로 스토어를 오픈했던 것과 유사하다.

스테이폴리오에 입점하기 위한 안내 글을 보게 되면 스테이폴리오만의 네 가지 관점을 만날 수 있다. 맨 먼저 독창성(Originality)은 그 공간만의 가치와 이야기가 있는 가다. 천편일률적인 공간이 아니라 스테이 호스트만의 꿈과 열망이 담긴 그곳의 이야기다. 디자인(Design)은 스테이만의 디자인 요소는 무엇이고 어떻게 다른지, 건축과 공간 그리고 사용성을 말한다. 환대(Hospitality)는 고객들이 머무는 곳에의 경험으로 고객지향적인 커뮤니케이션이 가능한지, 고객을 위한 환대 요소가 있는지 등을 말한다. 마지막 가격(Price)은 말 그대로 위의 요소들을 충분히 고려한 적정 가격인지를 질문한다.

이런 네 가지 관점에 부합하는 곳들만 스테이폴리오에 입점할 수 있다. 결과적으로 고객 입장에서는 '야놀자' '여기 어때'와 같은 숙박 예약 서비스와는 완전히 차별화된 숙소를 경험할 수 있다.

독특한 가치를 큐레이팅

제주를 간다고 했을 때 동서남북 어느 곳에 숙소를 정하느냐에 따라 여행 경로는 다양해진다. 그만큼 여행에서 숙소가 차지하는 비중은 높다. MZ세대들에게 숙소는 단순히 하룻밤 자는 곳이 아니라 다양한 경험을 하기 위한 특별한 공간이다. 특별한 공간을 만드는 것은 쉬운 일이 아니다. 스테이의 주인인 호스트가 자신의 숙소에 특별한 내력이 있고 이를 활용하려고 해도 숙박 시설로서 기본적인 것들이 갖춰져야 한다. 스테이폴리오는 이런 호스트를 위해 '파인 스테이 토탈 솔루션'이라는 것을 제공한다. 숙소 예약 관리 페이지, 브랜드 웹사이트 제작, 마케팅, 공간 디자인 등 숙소를 위한 모든 서비스를 제공한다. 이렇게 만들어진 숙소는 스테이폴리오에서만 단독으로 예약을 받을 수 있다.

이처럼 스테이폴리오에는 일반 숙박 플랫폼과는 완벽하게 차별화되어 개인이 운영하는 숙소부터 부티크호텔, 전통 리조트 그리고 직접 설계한 곳까지 한마디로 '특별한' 곳을 여행객들에게 소개한다. 이상묵 대표는 이를 두고 넷

242

플릭스의 오리지널 전략과 비슷하다고 이야기 한다*.

온드미디어를 통한 콘텐츠가 핵심 마케팅

일반적인 숙박 서비스는 광고를 통해서 인지도를 높이고 같은 숙소라면 가격 전략을 통해서 고객의 결제를 유도한다. 그런데 스테이폴리오는 스테이만이 갖고 있는 스토리가 핵심 경쟁력이다. 그래서 숙소와 관련된 콘텐츠를 많이 노출하고 읽히도록 하는 것을 우선으로 한다. 그래서 온드미디어 운영에 진심이다.

　　스테이폴리오의 태생이 부모님의 식당을 리모델링해서 만든 숙박 공간을 블로그에 홍보하면서 시작이 된 것처럼 지금도 스테이폴리오는 인스타그램, 블로그, 홈페이지를 통해서 스테이만의 특별한 이야기를 전한다. 현재 인스타그램 구독자는 26만 명에 이른다.

* 임경업 기자, "스테이폴리오, 건축예술과 플랫폼 사이의 고민", 조선일보, 2022.10.11

스토리를 전하는 핵심적인 매체로 뉴스레터도 운영 중이다. 현재 뉴스레터 구독자 수는 무려 13만 명에 이른다. 일주일에 두 번 구독자들에게 뉴스레터를 보내고 있다. 오픈율 10%만 잡아도 매주 1.3만 명이 스테이폴리오가 전하는 스토리를 보는 셈이다. 이렇게 뉴스레터를 보내게 된 계기는 스테이의 스토리를 중심으로 서비스가 시작됐고, 이들의 이야기를 좀 더 잘 전달하는 방법이 뉴스레터이기 때문이다*.

뉴스레터에는 새로운 스테이를 보여주는 '스테이큐레이션', 재방문을 목표로 시즌별 가볼 만한 곳을 소개하는 '로컬트립', 에디터가 직접 공간에 머물면서 경험을 제안하는 '에디터일기', 건축가와 호스트를 인터뷰해 공간 기획의 의도를 전하는 '인터뷰' 등이 포함된다. 콘텐츠는 단순히 숙박을 소개하는 방식이 아니라 그 장소의 주인공이 되는 스토리로 '나중에 내가 묵고 싶은 곳'으로 구독자가 찜할 수 있도록 구성했다. 그리고 스테이폴리오

---

* 보낸사람: 스테이폴리오, 일주일에 두 번 메일함에 도착하는 랜선 스테이 투어 초대장, 스티비 블로그, 2023.7.18

회원가입시 자동으로 뉴스레터를 구독하게 함으로써 고객 경험 여정을 시작할 수 있도록 돕는다.

2회 이상 이용 완료한 회원을 멤버십 회원으로 초대하고, 멤버십 회원을 대상으로 뉴스레터를 발행했을 때 오픈율은 일반 뉴스레터 때보다 두 배 이상으로 높았고 클릭률은 여덟 배 이상으로 높았다. 할인 쿠폰을 발급하는 이벤트도 멤버십 대상의 뉴스레터를 이용할 때 보다 더 높은 성과가 나왔다. 찐팬들을 중심으로 조금 더 특별한 소통을 했을 때 더 나은 결과가 나옴을 잘 알 수 있는 사례다.

지역과 해외를 아우르는 확장

스테이폴리오는 스테이가 그 지역 전체를 경험하는 중요한 역할을 하는 공간이라는 점을 강조하며, 하룻밤 머물고 가는 숙소가 아닌 여행의 거점 역할을 하도록 서비스를 업그레이드하고 있다.

서촌에 있는 여덟 곳의 한옥스테이에 머무는 고객들

에게는 스테이폴리오가 운영하는 '한 권의 서점'에서 체크인을 하도록 하고, 그곳에서 골목골목 숨어있는 맛집, 서점, 디자인숍들을 소개한다. 스테이 큐레이션에서 여행 큐레이션과 가이드 역할까지 확대한 것으로 지역 재생과 활성화를 위한 시도다. 그리고 국내뿐만 아니라 해외 숙소도 250여개 이상 입점하면서 글로벌 프리미엄 여행 시장으로도 진출을 시도하고 있다. 아만, 호시노야 리조트 등과도 단독 계약을 체결하는 등 국내는 물론 해외 곳곳의 숨어있는 보석 같은 스테이들을 스테이폴리오를 통해서 공개하고 있다.

대기업 프랜차이즈식 호텔이 아닌 이상 숙박이라는 공간은 운영을 책임지는 누군가에게는 소중한 공간이다. 자신의 공간이면서도 고객의 공간이기도 하다. 자신의 공간을 누군가에게 내어준다는 것, 특별한 경험과 가치를 나눈다는 것, 스테이폴리오의 시작은 그랬다. 숙박 이상의 특별한 공간을 경험한 고객은 다시 그곳을 찾는 열정을 보인다.

잠시 개인적인 이야기를 하자면 첫째를 임신하고 갔

던 '구름위에 산책'이라는 단양에 있는 펜션이 오랫동안 기억 속에 머물고 있다. TV가 없고 책만 놓여있던 펜션이었다. 저녁 식사와 다음날 아침이 포함된 다소 가격대가 있는 곳이었는데, 체크인 날 저녁 식사 자리에서 펜션 주인 아저씨가 펜션을 하게 된 이야기며 밥상에 오른 재료를 어디에서 가져왔는지 등을 이야기해주고, 다른 방 분들과도 함께 인사하며 식사를 할 수 있도록 해주었다. 특별한 경험이었다. 아이가 태어나서도 한 번 더 그곳을 찾았다.

스테이폴리오의 고객도 마찬가지다. 한 번, 두 번 경험한 고객은 찐팬이 되어 마치 성지 순례처럼 스테이폴리오가 추천하는 공간을 경험하길 원한다. 그리고 스테이폴리오는 뉴스레터를 이용해 끊임없이 고객에게 이야기를 전달하고 같이 경험할 것을 유도한다. 공간의 특별한 가치를 전달하는 전달자로서 스테이폴리오의 행보가 기대된다.

(BH 047)

찐 팬을 만드는 습관
: 이제 막 시작하는 작은 회사를 위한

초판 1쇄 발행 2024년 12월 16일

지은이 박선미

펴낸이 이승현
디자인 스튜디오 페이지엔

펴낸곳 좋은습관연구소
출판신고 2023년 5월 16일 제 2023-000097호

이메일 buildhabits@naver.com
홈페이지 buildhabits.kr

ISBN 979-11-93639-29-0 (13320)

• 이 책은 저작권법에 따라 보호받는 저작물이므로 무단 전재와 복제를 금지합니다.
• 이 책의 내용 전부 혹은 일부를 이용하려면 반드시 좋은습관연구소로부터 서면 동의
를 받아야 합니다.
• 잘못된 책은 구매하신 서점에서 교환 가능합니다.

좋은습관연구소에서는 누구의 글이든 한 권의 책으로 정리할 수 있게 도움을 드리고
있습니다. 메일로 문의주세요.